农业用水价格机制的
政治经济学研究

Study of Political Economy on the Price Mechanism
of Agricultural Production Water Supply

王蔷◎著

中国社会科学出版社

图书在版编目（CIP）数据

农业用水价格机制的政治经济学研究／王蔷著 . —北京：中国社会科学
出版社，2023.4
ISBN 978 - 7 - 5227 - 1711 - 1

Ⅰ. ①农… Ⅱ. ①王… Ⅲ. ①农村给水—水价—研究—中国
Ⅳ. ①F426.9

中国国家版本馆 CIP 数据核字（2023）第 052854 号

出 版 人	赵剑英
责任编辑	喻 苗
责任校对	胡新芳
责任印制	王 超

出　　版	中国社会科学出版社
社　　址	北京鼓楼西大街甲 158 号
邮　　编	100720
网　　址	http://www.csspw.cn
发 行 部	010 - 84083685
门 市 部	010 - 84029450
经　　销	新华书店及其他书店

印　　刷	北京明恒达印务有限公司
装　　订	廊坊市广阳区广增装订厂
版　　次	2023 年 4 月第 1 版
印　　次	2023 年 4 月第 1 次印刷

开　　本	710×1000　1/16
印　　张	14.5
字　　数	209 千字
定　　价	78.00 元

前　言

　　中国水资源总量丰富，但人均水资源拥有量仅为世界人均水平的四分之一，是世界上人均水资源量最贫乏的国家之一。农业灌溉是中国最大的用水主体，占全国总用水量的一半以上，然而，农业灌溉用水效率长期严重低下，浪费现象普遍存在，因此，有效实现农业节水成为中国优化农业水资源配置的基本任务和决定性环节。现有研究表明，除节水技术和工程效率外，用水价格对优化水资源配置具有重要的杠杆调节作用。然而，与一般商品的市场定价不同，农业用水内含外部性及垄断性特征，市场定价会因为放大市场供求矛盾，降低资源配置效率，难以实现水资源节约和可持续利用的目标任务。为有效防范和校正可能产生的市场失灵，农业用水总体上均实行政府定价，由此，建立科学合理的农业用水价格机制对政府制定及调控用水价格具有重要作用。总体而言，农业用水价格受市场供求波动的影响较少，农业用水价格机制主要表现为价格形成的方式和途径以及价格调节的对象和措施两个重要方面，正因如此，农业用水价格机制的研究重点主要为农业用水价格形成机制和价格调节机制。

　　新中国成立以来，中国农业用水价格机制总体上经历了基本缺位阶段、初始建立阶段、初步优化阶段以及综合优化阶段，相应地，农业用水也逐步实现从"无价资源"到"有价商品"的过渡发展。然而，中国农业用水价格长期低于供水成本，水资源浪费使用问题突出，促使中国全面启动"先建机制，后建工程"的农业水价综合改革。经过多年的改革实践，中国农业用水价格机制在分级分类分档的定价机制层面取得了关键性突破，在价格补贴机制及节水奖励机制层面取得了重要进展。然而，农业水价综合改革总体覆盖面较小，试点地区进展不一，农业用水价格机制仍然面临一些现实性矛盾，突出表现为农业用水价格形成机制残缺及农业用水价格调节机制不健全，制约着中国全面构建农业用水价格机制。与此同时，相关理论层面缺乏对前期改革的学理性研究，较少梳理农业用水价格机制的逻辑主线和构成机理。基于此，本书设定的研究主题是中国农业用水价格机制研究，基于政治经济学价格理论，合理借鉴经济学其他价格理论，深入分析中国农业用水价格形成机制与价格调节机制的构成机理，构建农业用水价格机制的政治经济学分析框架，并对试点地区现行农业用水价格机制进行实证研究，同时，建立评价指标体系进行农业用水价格机制的效应评价，提出优化中国农业用水价格机制的政策构想。

总体上，本书可分为三个部分：

第一部分提出问题，包含第一章、第二章。在分析现有研究基础上，提出本书的主要研究内容和研究重点，进行核心概念界定和相关理论评述。

第二部分分析问题，包含第三章、第四章、第五章、第六章。第三章为农业用水价格机制的学理建构，阐释了农业用水价格的影响维度，分析了政治经济学理论下，农业用水价格形成机制及调节机制的构成机理，构建了农业用水价格机制的政治经济学分析框架。第四章论述了中国农业用水价格机制的历史演进与现实状况，分析了农业用水价格机制取得的主要进展以及仍然存在的现实问题。第五章基于农业用水价格机制的政治经济学分析框架，对其表现形式进行了实证研究，研判农业用水价格机制构成机理与实践情况的内在关系。第六章构建了农业用水价格机制的效应评价指标体系，对指标进行权重系数测算，从节水、经济、社会、生态及政策五个方面综合分析农业用水价格机制的实际变动效应，得出评价结论。

第三部分解决问题，包含第七章、第八章、第九章。第七章梳理了国际农业用水价格机制对中国的经验启示。第八章论述了优化"成本导向""支付可行"视角下农业用水价格形成机制和"补贴精准""节水激励"视角下农业用水价格调节机制的政策构想，以及优化农业用水价格机制的配套政策构想。第九章得出本书的主要研究结论及研究展望。

目　　录

第一章 绪论

第一节 研究背景与意义

一 研究背景

水资源是人们赖以生存的自然资源，也是国家发展运行的战略资源，具有重要的基础性地位。2020 年，我国水资源总量 31605.2 亿立方米，比多年平均值偏多 14.0%。其中，地表水资源量 30407.0 亿立方米，地下水资源量 8553.5 亿立方米，地下水与地表水资源不重复量为 1198.2 亿立方米。全国供水总量和用水总量均为 5812.9 亿立方米，受新冠疫情、降水偏丰等因素影响，较 2019 年减少 208.3 亿立方米。全国人均综合用水量 412 立方米，城镇人均生活用水量（含公共用水）207L/d，农村居民人均生活用水量 100L/d。① 我国人均水资源拥有量 2250 立方米，人均水资源量仅为世界平均水平的 1/4，除难以利用的洪水径流和散布在偏远地区的地下水资源后，人均可利用水资源量更少并且其分布极不均衡。水资源已成为影响我国经济发展和社会生活的重要制约因素。

农业是我国的基础产业，农业灌溉用水是保障我国粮食安全和国计民生的重要生产资料，2020 年，农业用水总量 3612.4 亿立方米，

① 中华人民共和国水利部：《2020 年中国水资源公报》，2021 年 7 月 9 日，http://www.mwr.gov.cn/sj/tjgb/szygb/，部分数据经整理计算所得。

占总用水量的 62.1%[1]，是我国第一大用水主体。但同时，农业灌溉用水浪费现象严重，一方面是由于我国农田水利工程总体上建设滞后，设施维修管护长期投入不足，2020 年，我国耕地实际灌溉亩均用水量 356 立方米，农田灌溉水有效利用系数仅为 0.565，与国外发达国家 0.7—0.8 的有效利用系数值相比存在较大差距[2]；另一方面，长期以来农业用水未建立起"水商品"观念，水资源不合理使用造成了农业用水的过度浪费。考虑到国家未来经济社会发展和生态供水平衡，中央提出"2020 年我国农业灌溉用水量必须控制在 3700 亿立方米，相当于过去 30 年的年均用水量"[3]，对我国农业节水提出了严峻挑战。

水资源市场配置需要价格机制进行调节，在合理利用水资源、实现农业高效节水目标下，农业用水价格具有极为重要的杠杆调节作用，完善的农业用水价格机制对于促进农业水资源优化配置，实现用水市场供求平衡，促进农业可持续发展具有重要作用。然而，长期以来，我国农业用水价格机制构建不足，用水价格总体偏低，无法反映水资源稀缺程度和生态环境成本，造成农业用水方式粗放，浪费现象严重。基于此，以健全农业用水价格机制为核心的农业水价综合改革应运而生，经过两轮农业水价综合改革试点探索，2016 年，国务院办公厅出台《关于推进农业水价综合改革的意见》（国办发〔2016〕2 号），对我国农业用水提出了总体战略要求，标志着我国农业用水价格机制全面进入科学规范的构建阶段。

我国农业用水价格机制是以农业用水价格形成机制为核心，以农业用水价格调节机制为保障的系统性价格机制，依据《中华人民共和国价格法》，作为稀缺性、战略性和公共性的农业水资源商品需实行

---

① 中华人民共和国水利部：《2020 年中国水资源公报》，2021 年 7 月 9 日，http：//www.mwr.gov.cn/sj/tjgb/szygb/，部分数据经整理计算所得。

② 王冠军、柳长顺、王健宇：《农业水价综合改革面临的形势和国内外经验借鉴》，《中国水利》2015 年第 9 期。

③ 王冠军、柳长顺、王健宇：《农业水价综合改革面临的形势和国内外经验借鉴》，《中国水利》2015 年第 9 期。

政府指导价或者政府定价，"列入商品管理目录的农田水利工程供水价格，政府对其定价实行严格的监督和约束机制"①，国家在价格制定或调控上实行价格听证制度，同时在农业水费收取过程中实行价格公示制度，促进水利工程供水价格的公开透明，防止出现农业用水乱收费从而加重农民负担的问题。目前，我国农业用水价格严重低于供水成本，价格机制对用水户缺乏决策指导，2015 年，"全国农业供水平均成本约为 0.2589 元/立方米，相应的农业用水平均价格仅为 0.0919 元/立方米，约占完全供水成本的 35% 和运行维护成本的 50%，农业灌溉用水工程运行维护费用缺口（不计折旧）在 340 亿元左右"②。

总体而言，农业用水价格机制对我国农业水资源利用具有重要作用，然而，如何厘清农业用水价格机制的政治经济学理论依据？农业用水价格的定价原则、定价机制、计收方式及奖补机制等实践情况是否符合农业用水价格形成机制与价格调节机制的构成机理？执行水价是否能够满足灌区正常运行，是否符合用水户实际支付能力和心理支付意愿，又是否有利于农业节水、推动农业可持续发展？此外，农业水价综合改革后，农业用水价格机制的整体效应如何，在哪些方面取得了进展，而又在哪些方面存在问题和难点？上述问题的深入分析，将成为本书的研究重点。

二　研究意义

（一）理论意义

本书以政治经济学价格理论为指导，合理借鉴经济学其他相关价格理论，提出农业用水价格机制的构成机理，分别对农业用水价格形成机制以及农业用水价格调节机制的构成机理进行了理论阐释，构建了农业用水价格机制的政治经济学分析框架，为深入研究我国农业用

---

① 王建平：《内蒙古自治区农业水价研究》，博士学位论文，中国农业科学院，2012 年。

② 王冠军、柳长顺、王健宇：《农业水价综合改革面临的形势和国内外经验借鉴》，《中国水利》2015 年第 9 期。

水价格机制提供了理论支撑。同时，本书构建了农业用水价格机制效应评价指标体系，为深入研究农业用水价格机制效应评价提供了指标体系的理论参考。

（二）现实意义

当前，我国农业用水浪费与稀缺并存，如何利用好农业用水价格的杠杆调节作用，实现农业节水，促进农业可持续发展显得尤为重要，农业用水价格机制作为科学制定农业用水价格的系统性机制，对农业用水价格的形成和调节起到了至关重要的作用。基于此，系统研究我国农业用水价格机制的历史演进与现实状况，实证研究农业水价综合改革后，农业用水价格形成机制的定价原则、定价机制、计收方式以及农业用水补贴机制及节水奖励机制，借鉴国际农业用水价格机制的有效经验，对于推动价格杠杆调节农业水资源优化配置，实现农业节水，促进农业可持续发展具有重要的现实意义。

第二节　国内外相关研究

一　国外相关研究

进入 20 世纪 80 年代，随着水资源不断稀缺及需求不断扩大，国外许多学者研究了价格作为经济杠杆对水资源合理配置的调节作用，价格被作为节约用水的重要指标加以分析。

Hanke 对用水由固定费率价格结构向计量费率价格结构转变的影响进行了实证分析，结果表明，计量方式降低了用水需求量，实际需求量在平流率下大于计算理想值，在计量率下小于理想值，用水户在安装水表之后不会回到原有的使用模式，并且计量导致水的使用效率显著提高。①

Moncur 指出，在干旱时期，水系统通常依靠非市场计划的临时保

---

① Hanke, Steve H., "Demand for water under dynamic conditions", *Water Resources Research*, No. 6, 1970.

护，使水的边际价格保持不变，对单户住户的汇总截面和时间序列数据测算得知，水需求是价格、收入、家庭规模、降雨量以及表示水限制程序的变量函数，短期弹性表明，边际价格小于40%的增长将导致用水量减少10%。[①]

Schneider研究了六种类型用水价格需求弹性，研究表明，最大的价格弹性是学校用水，其次是商业、政府和住宅，政府和学校的需求最能应对实际收入的波动，商业需求对实际收入没有反应，且短期和长期弹性都可以从部分调整模型中得到。[②] Varszegi研究表明，水费与消费量存在着高度的相关性，只是在一些发达国家和统一市场经济体中的显性关系尚不明显，可能的情况是工业生产不断降低以及统计数据存在不真实性影响了水费与消费量的显性关系。[③]

Braden等分析了有关供水、废水处理、灌溉和流域管理可持续发展的经济原理，就水资源和系统管理的经济方法加以阐述，根据当前使用和长期可持续性的考虑，通过将个人的激励与社会的长期利益结合起来，为促进水资源可持续发展的政策提供路径。[④]

Dinar等研究指出，粮食安全和可持续发展需要水资源的有效利用，特别是在灌溉方面，而经济定价是可以实现更高效的水资源利用的有效工具，建议采用不同的水价和成本回收指导有效的水资源分配。水定价的重要补充在交易制度，在关键节点的水分布规律和工艺的选择上，应允许用水户因价格提高改变用途。在支持机构中，用水者协会似乎比水市场更应该优先考虑。[⑤]

[①] Moncur, James E. T., "Urban Water Pricing and Drought Management", *Water Resource*, No. 3, 1987.

[②] Schneider Michael L., "User-Specific Water Demand Elasticities", *Journal of Water Resources Planning and Management*, Vol. 117, No. 1, 1991.

[③] Varszegi C., "Relationship between water saving and water price", *Water Supply*, Vol. 12, No. 1, 1994.

[④] Braden J. B., Van Ierland E. C., "Balancing: The Economic Approach to Sustainable Water Management", *Water Science and Technology*, Vol. 39, No. 5, 1999.

[⑤] Dinar Ariel, Mody Jyothsna, "Irrigation water management policies: Allocation and pricing principles and implementation experience", *Natural Resources Forum*, Vol. 28, No. 2, 2004.

Montesillo-Cedillo 等提出了灌溉用水边际产量贡献模型，利用柯布—道格拉斯生产函数计算了 1960—1999 年数据，结果表明，按墨西哥全国平均水平，灌溉水对农业生产价值的贡献，相当于每万立方米水 274.55 比索，在非市场竞争条件下，这个贡献值代表灌溉水对农业生产价值的贡献，而在竞争环境中，贡献值应该等于水的边际成本，且同时等于水价，这个价格非常接近社会效率，从而减少了水行业的垄断结构。[①]

Scheierling 通过建立回归模型测算了美国灌溉用水需求价格弹性的影响因素，测算数据为 1963 年以来的 24 项内容，包括数学规划、田间实验及计量分析。研究表明，平均灌溉用水价格需求弹性为 0.48，而有利于政策目标的长期弹性会普遍高于平均弹性，同时，通过数学规划及计量分析方法测算的价格弹性会高于田间实验中高附加值作物的测算结果。[②]

Castellano 等提出了一种确定灌溉水价格及其影响的方法，以便为决策者提供一个环境上和社会上最优的区域灌溉水价格范围，确定了两个价格，即水"环境最优价格"（使农业消费产生的环境成本内部化的价格）和"社会最优价格"（不影响区域经济的前提下，最大限度地征收农业用水费的价格），通过建立在地理信息系统（GIS）上的经济模型计算环境最优价格，该模型允许对不同流域的水环境成本进行经济量化和评估，利用引入社会核算矩阵（SAM）的灌溉水需求曲线来计算最优价格，以观察区域经济是否能够在不影响区域 GDP 的情况下接受更高的价格。研究表明，潜在的水价是确定的，从使区域经济的负面影响最小化的价格到使水的环境成本完全内化的价格。[③]

---

① Montesillo-Cedillo Jose Luis, Palacio-Munoz Victor Herminio, "Irrigation water price in Mexico in a context of social efficiency", *Ingenieria Hidraulica en Mexico*, No. 12, 2006.

② Scheierling Susanne M., "Irrigation water demand: A meta-analysis of price elasticities", *Water Resources Research*, Vol. 42, No. 1, 2006.

③ Castellano Esteban, De Anguita Pablo Martínez, Elorrieta, José, "I Estimating a socially optimal water price for irrigation versus an environmentally optimal water price through the use of Geographical Information Systems and Social Accounting Matrices", *Environmental and Resource Economics*, Vol. 39, No. 3, 2008.

Molle 指出，灌溉用水的低价定价经常被认为是灌溉用水过度使用的主要原因，一般认为更高的价格有利于促进节水，用水户行为的变化基于水费和用量之间的定量关系，但定额管理在实践中较为缺乏。研究结合了水稀缺状况和计量定价的灌溉方式，表明无论是在总体上还是在个体水平上，水资源稀缺性几乎总是通过配额的定义来处理的，与推动以价格为基础的调节作为水需求管理的关键工具的大量理论文献相比，价格似乎主要用于调节超出配额的边际使用，而不是用于配给稀缺的水，而这样的价格定义是缺乏效率的。[①]

Medellín-Azuara 等在已有的加利福尼亚州农业生产模型（SWAP）的基础上，采用自校正的农业生产利润最大化模型，嵌入了不同作物的灌溉效率与资本投资的权衡，以预测不同水管理政策下的产量、用水、灌溉投资、产量和水生产力，同时利用正向数学规划（PMP）方法，对观测的耕地面积和不同作物的水分利用系数进行了校正，政策模拟包括水价、供水配给、配给和灌溉效率补贴的增加。结果表明，水价上涨 20% 最有利于农业水生产率的提高，而补贴高效灌溉技术可能对土地和水的总利用影响很小，因此如果没有其他的激励或规章，不可能促进节水。[②]

Dagnino 等以美国北部里奥格德的一个子流域灌溉农业中的节水实践为例，提出了基于滴灌补贴灌区的农业节水测算模型，该方法考虑了影响农民在灌溉技术、作物组合、用水和耗水方面选择的经济激励因素。研究结果显示，当农民面临转换成滴灌的更低的财政成本时，他们将投资于减少用水的技术；滴灌补贴增加了农业收入，提高了粮食生产价值，并减少了作物用水量；然而，促进向滴灌转化的水资源保护补贴会增加作物用水需求。研究结果同时表明，在存在水权

① Molle François, "Water scarcity, prices and quotas: A review of evidence on irrigation volumetric pricing", *Irrigation and Drainage Systems*, Vol. 23, No. 1, 2009.

② Medellín-Azuara J., Howitt R. E., Harou J. J., "Predicting farmer responses to water pricing, rationing and subsidies assuming profit maximizing investment in irrigation technology", *Agricultural Water Management*, Vol. 108, No. 5, 2012.

交易的地方，面对滴灌不断增长的补贴，水权管理者需要防止因过度交易而引发水资源日益枯竭。[①]

Ziolkowska 认为，2011—2012 年的干旱严重影响了奥加拉含水层，该含水层为美国高平原农业生产提供灌溉用水，当前农民支付的灌溉作物水费没有反映水的实际价值，而水的实际价值只能用影子价格来表示。文章应用农业预算剩余价值法估算了 3 个高平原州（得克萨斯、堪萨斯和内布拉斯加州）5 种主要农产品（玉米、棉花、高粱、大豆和小麦）灌溉用水的影子价格，研究表明，得克萨斯北部高平原小麦的灌溉水价格最高，而得克萨斯南部高平原的玉米作物灌溉水价格最低。[②]

二 国内相关研究

本书重点梳理了国内学者围绕水资源价值与价格、农业用水价格机制以及农业用水绩效评价三个方面的相关研究。

（一）水资源价值与价格相关研究

水资源价值与价格的研究主要集中在水资源价值的理论分析、水资源价格的理论确定及水资源价格计量方法研究三个方面。

1. 水资源价值方面相关研究

在我国，水资源价值研究始于 20 世纪 80 年代，一些学者就自然资源有偿使用和价格问题进行了相关研究。姜文来等研究了自然资源核算情况、自然资源核算如何纳入我国国民经济核算体系及中国资源空心化现象等。[③] 杨文汉指出，随着人类社会活动不断扩大，自然资源绝大部分已凝结了人类劳动，具有资源价值。[④] 余谋昌最早指出，资源价值应

---

① Dagnino Macarena, Ward Frank A. , "Economics of Agricultural Water Conservation: Empirical Analysis and Policy Implications", *International Journal of Water Resources Development*, Vol. 28, No. 12, 2012.

② Ziolkowska Jadwiga R. , "Shadow price of water for irrigation-A case of the High Plains", *Agricultural Water Management*, No. 3, 2015.

③ 姜文来、王华东:《我国水资源价值研究的现状与展望》,《地理学与国土研究》1996 年第 2 期。

④ 杨文汉:《论环境资源的价值和价格》,《价格理论与实践》1987 年第 3 期。

等于重建它时所花费的社会必要劳动时间。① 范艳梅认为自然资源具有价值，指出自然资源价值的影响因素既涉及自身因素，又包含人类劳动因素，建议利用经济杠杆以促进自然资源的合理开发。② 蒲志仲认为，自然资源价值中的劳动是自然资源消耗的补偿性劳动，具体包括地质调查勘探、科学研究以确定使用价值、再生资源的人工培植或替代物研发以及废弃物资的循环使用的劳动等。③ 吴新民等认为，自然资源存在可比价值，其数值等于人们对资源再生产投入的社会必要劳动时间，其交换价值是生产过程的额外投入，自然资源价值与一般商品价值存在所有权是否转移的本质区别；同时比较了自然资源市场交换价值、生态效应价值及资本价值。④ 安晓明分析了自然资源生产费用及效用的机制和量定，基于稀缺性提出了价值测算模型。⑤ 姜文来等提出，水资源具有正价值、负价值及耦合价值，提出水资源经济学视角的定义及水资源的耦合价值模型；同时认为水资源价值存在多种影响因素，其中时间流和空间流的耦合方式形成了不同的水资源价值流；此外，水资源价值在经济上使得水资源所有权得以实现，水资源所有权的转让理应得到合理补偿。⑥ 甘泓等介绍了水经济价值的定义，比较扣除非水成本法和效应分摊系数法计算得出海河流域不同行业的水经济价值；基于此提出了水资源价值定义，细化水资源的价值属性，认为水资源全属性的使用价值、产权价值、劳动价值、补偿价值综合表现为水资源市场价值，对水资源价值功能属性分析得较为翔实。⑦ 苏遥等利用模糊数学方法，对北京市

---

① 余谋昌：《生态学中的价值概念》，《生态学杂志》1987 年第 2 期。
② 范艳梅：《浅论自然资源的价值与开发利用》，《求是学刊》1989 年第 2 期。
③ 蒲志仲：《自然资源价值浅探》，《价格理论与实践》1993 年第 4 期。
④ 吴新民、潘根兴：《自然资源价值的形成与评价》，《经济地理》2003 年第 5 期。
⑤ 安晓明：《论自然资源价格的构成和量定》，《税务与经济》2004 年第 3 期。
⑥ 姜文来、王华东、王淑华等：《水资源耦合价值研究》，《自然资源》1995 年第 3 期；姜文来、王华东：《水资源价值时空流研究》，《中国环境科学》1998 年第 12 期；姜文来：《关于水资源价值的三个问题》，《水利发展研究》2001 年第 1 期。
⑦ 甘泓、汪林、倪红珍：《水经济价值计算方法评价研究》，《水利学报》2008 年第 11 期；甘泓、秦长海、汪林等：《水资源定价方法与实践研究 I：水资源价值内涵浅析》，《水利学报》2012 年第 3 期。

丰台区进行水资源价值评价，并指出丰台区水资源价值量总体评价为6.4 元/立方米。①

2. 水资源价格方面相关研究

王彦认为，我国自然资源价格的制定不能套用马克思土地价格理论，主要是由于我国是公有制为主体的社会主义经济，自然资源价格不完全受市场机制制约，自然资源的货币补偿存在着"不等价"交换关系，且耗竭性自然资源价格仅仅为使用权的购买价格，而非所有权购买价格。② 吴军晖认为，霍特林定律③可作为资源价格计算的可行方法，资源无价理论不利于资源合理使用及保护。④ 潘勇指出自然资源价格由对资源所有权的补偿和对其中包含的劳动价值的体现组成⑤，这一论点得到后来学者的诸多认可，被较多文献加以引用。张志乐认为，以水资源"再生产"费用作为间接核定水资源价格的基础具有理论依据，分析了各类水资源价格核算公式，提出水资源价格由天然水资源价格和水资源费两部分组成，相继研究了天然水资源价格计算方法及水资源费计算方法。⑥ 姜文来等系统研究了水资源价格，认为水资源价格是使用者为获取水资源使用权或所有权，所支付的一定数量的货币额，体现了水资源有偿性、稀缺性、所有权垄断性及所有权和使用权的分离属性，其实质是对水资源耗竭的相应补偿，是水资源地租的资金化，水价应由水资源价值、水资源生产正常成本、水

① 苏遥、宋正星、李芮:《丰台区水资源价值量评价》,《北京水务》2018 年第 1 期。

② 王彦:《论自然资源价格的确定》,《价格理论与实践》1993 年第 2 期。

③ 霍特林定律即为可耗尽资源的价格增长必须同利率增长相等,计算公式为 $P_t = P_0 \times e^{rt}$, 其中, r 为利率, P_0 为初期价格, P_t 为 t 期价格。

④ 吴军晖:《论资源价格》,《价格月刊》1993 年第 2 期。

⑤ 潘勇:《自然资源价格决定之我见》,《河南财经学院学报》1993 年第 3 期。

⑥ 张志乐:《水资源价值量核算的初步构想》,《中国人口·资源与环境》1995 年第 9 期;张志乐:《初论天然水资源价格》,《水利科技与经济》1996 年第 9 期;张志乐:《水资源费或间接水价的数量分析方法》,《水利科技与经济》1997 年第 3 期。

资源生产企业合理利润、生态补偿价值及调节价值五部分组成。① 冯尚友认为，水价应该由供水单价、排水单价、水环境保护治理年费单价及水资源费组成。② 水利部提出，我国水价应由资源水价、工程水价及环境水价形成机制。③

郑通汉提出水价制定"要以水资源承载能力、水环境承载能力、供水工程承受能力作为定价的核心内容，以用水户承受能力作为边界条件"④。段治平介绍了我国水价改革历程及美国水价管理制度情况，提出我国水价制定应以提高水的利用效率为核心，推进市场化定价、对农业供水实行优惠政策，坚持用水户协商等。⑤ 钟玉秀等分析提出"水资源定价模式具体包含供水服务成本定价模式、用水户承受能力定价模式、投资机会成本定价模式、边际成本定价模式、完全市场定价模式及全成本定价模式"⑥，建议我国不宜实行全成本定价，应当实行分类定价和定额管理。温桂芳等分析我国水价形成和管理制度演进情况，提出我国水价存在用水户参与不足、计价方式单一、补偿机制不健全等问题，建议我国在完善水价形成机制及改革计量方式方面加大改革力度。⑦ 贺天明等研究得出石河子灌区完全成本水价和农民承受力水价分别为 0.3918 元/立方米和 0.439 元/立方米，与现行水价 0.25 元/立方米相比，灌区水价存

① 姜文来、于连生、刘仁合：《水资源价格上限的研究》，《中国给水排水》1993 年第 9 期；姜文来、王华东：《水资源价值和价格初探》，《水利水电科技进展》1995 年第 4 期；姜文来、王华东：《我国水资源价值研究的现状与展望》，《地理学与国土研究》1996 年第 2 期；姜文来：《水价和水市场》，《国土资源》2002 年第 2 期。

② 冯尚友：《水资源持续利用与管理导论》，科学出版社 2000 年版，第 147—157 页。

③ 水利部汪恕诚部长在 2000 年 10 月 22 日的中国水利学会年会上提出。

④ 郑通汉：《可持续发展水价的理论分析——二轮合理的水价形成机制》，《中国水利》2002 年第 10 期。

⑤ 段治平：《我国水价改革历程及改革趋向分析》，《中国物价》2003 年第 4 期。

⑥ 钟玉秀、刘洪先：《对水价确定模式的研究与比较》，《价格理论与实践》2003 年第 10 期。

⑦ 温桂芳、钟玉秀：《我国水价形成机制和管理制度深化改革研究——深化水价改革：思路与对策》，《价格理论与实践》2004 年第 11 期；温桂芳、钟玉秀：《深化水价改革进程、问题及对策》，《经济研究参考》2005 年第 12 期。

在很大的提升空间；建议灌区应结合农业水价改革实际状况，深化完善农业水价水权。[1]

3. 水资源价格计量方法相关研究

温善章等用影子价格方法对河流可供水资源影子价格进行测算，分析得出黄河分段河道的影子价格在 0.057—0.245 元/立方米之间。[2] 傅春等以劳动价值论为基础，结合西方经济学效用价值论，建立了用水资源优化模型求解水资源影子价格，得出案例区水资源影子价格期望值为 0.17 元/立方米。[3] 姜文来等探讨了影子价格模型、边际机会成本模型、供求价格模型等水资源价值模型的优缺之处，提出了模糊数学模型，进一步完善了水资源价值计量方法。[4] 徐得潜等提出我国水资源价格中工程水价、环境水价及水资源费的具体内涵、定价方法及定价模型。[5] 秦长海等利用投入产出分析技术构建了简化 CGE 模型，对水资源影子价格、水经济价值、水资源费、供给成本和水环境补偿税分别进行了定量评价，研究表明，农业用水水价基于水资源费和工程成本的总和，原则上水价上限为 1.5 元/立方米。[6] 简富绩等采取 AHP 与熵权结合的方法确定权重，对张掖市水资源价格进行动态评价，研究表明，张掖市 2010—2014 年水资源价值属于中等偏低，水资源资产价格存在较大的上升空间。[7]

---

① 贺天明、王春霞、何新林等：《基于完全成本水价的农业水价承受力和节水潜力评估》，《节水灌溉》2021 年第 3 期。

② 温善章、石春先、安增美等：《河流可供水资源影子价格研究》，《人民黄河》1993 年第 7 期。

③ 傅春、胡振鹏：《水资源价值及其定量分析》，《资源科学》1998 年第 11 期。

④ 姜文来、武霞、林桐枫：《水资源价值模型评价研究》，《地球科学进展》1998 年第 4 期；姜文来：《水资源价值模型研究》，《资源科学》1998 年第 1 期。

⑤ 徐得潜、张乐英、席鹏鸽：《制定合理水价的方法研究》，《中国农村水利水电》2006 年第 4 期。

⑥ 秦长海、甘泓、张小娟等：《水资源定价方法与实践研究 II：海河流域水价探析》，《水利学报》2012 年第 4 期；秦长海、甘泓、贾玲等：《水价政策模拟模型构建及其应用研究》，《水利学报》2014 年第 1 期。

⑦ 简富绩、宋晓谕、虞文宝：《水资源资产价格模糊数学综合评价指标体系构建——以黑河中游张掖市为例》，《冰川冻土》2016 年第 4 期。

综上，国内学者对水资源价值与价格的理论研究存在较多分歧，理论上，水资源等自然资源价值的来源问题尚未形成统一认识，劳动价值论与效用价值论在资源价值来源方面存在差异，水资源天然价值的实质尚不明确。但与此同时，随着研究的深入，学者们也形成了诸多共识，基于产权视角分析水资源价格形成及价格机制得到了学者们普遍认可，在实现资源所有权及资源合理配置条件下，进行水资源价值与价格的理论探索成为近年来相关研究的重要进展。

（二）农业用水价格形成机制相关研究

汪志农等运用价值定价法，测算关中四大灌区相应灌溉用水价格形成方法和形成方式。[①] 姜文来提出，农田水利等基础设施投资应该主要由国家作为民生工程负责，农民不应承担过多的农业基础性及公益性建设费用，因而在农业用水价格制定上，国家投入的资金不应纳入农业用水价格核算范围。[②] 张春玲等对四川、云南等省的数据测算得出，当前农业水费形成无法维持成本，仅占农业成本的5%，认为水费不是农民生产的主要负担，调高水价具有一定空间。[③] 段治平认为，农业用水价格制定应仅考虑工程成本，不考虑资源成本及环境成本，且应实行定额管理。[④] 喻玉清等基于水资源稀缺性、资源产权及劳动价值三方面提出了可持续发展条件下的农业用水价格制定模型。[⑤] 冯广志认为，灌区按补偿全成本原则制定灌溉水费不合理且不可行，同时不宜将折旧费纳入成本核算，但取消灌溉水费不利于农民形成节水意识，由此建议我国农业用水价格应进行涵盖水价制定、水价管理、水价分担、节水奖励等在内的综合改革，解决重点项目补贴，发

---

① 汪志农、熊运章、王密侠：《适应市场经济的灌区管理体制改革与农业水价体系》，《中国农村水利水电》1999年第11期。
② 姜文来：《WTO条件下的农业水价调整研究》，《海河水利》2002年第4期。
③ 张春玲、阮本清、罗建芳：《我国农业水价管理现状》，《沈阳农业大学学报》2003年第6期。
④ 段治平：《我国农业水价改革的原则及努力方向》，《广西市场与价格》2003年第4期。
⑤ 喻玉清、罗金耀：《可持续发展条件下的农业水价制定研究》，《灌溉排水学报》2005年第4期。

挥农村集体经济组织作用以及制定有利于节水的农业用水价格政策。①
李含琳比较分析了国外及我国多个地区农业用水价格成本水平，在此
基础上提出我国农业用水价格机制要结合经济承载力、区域差异及用
水额度等。② 何寿奎描述了农业用水价格利益主体机制关系及经济自
立灌溉区模式下的农业用水价格形成机制，进一步分析了灌区用水价
格机制改革的具体办法。③ 闵学理以特定灌区为研究，在历史改革进
程的分析基础上，认为灌区水价形成机制不尽合理，提出水价既未体
现资源价值，未实现合理配置，也不能涵盖工程成本，进而应明确农
业用水价格机制要件，落实用水主体地位，完善价格机制等。④

杨林等指出农业用水价格应实行"基准水价"和"累进水价"
相结合，"基准水价"体现了占用消耗资源价值的属性，也为"累进
水价"创造了节水奖罚的基准依据。⑤ 薛小颖分析了合肥市农业用水
价格运行中存在水价偏低但农民负担重，设施不健全且征收困难大等
问题，提出实行两部制水价改革，探索农业用水价格分担机制，进一
步加强设施建设等政策建议。⑥ 鲜雯娇等测算了张掖市四大灌区完全
成本水价，提出现行水价平均为全成本的 62.65%，无法补偿供水单
位的供水成本。⑦ 王冠军等在分析了国内外农业用水价格运行模式基
础上，得出我国农业用水价格机制应因地制宜、多级分担、合理补

① 冯广志：《完善农业水价形成机制若干问题的思考》，《水利发展研究》2010 年第
8 期。
② 李含琳：《国内外农业生产的水成本评价及宏观决策意义》，《中国农村水利水电》
2012 年第 2 期。
③ 何寿奎：《农业水价形成机制与配套政策——基于经济自立灌溉区模式下三方满意
的视角》，《价格理论与实践》2014 年第 4 期。
④ 闵学理：《关于长葫灌区水价改革及水价形成机制的思考》，《四川水利》2014 年
第 4 期。
⑤ 杨林、任国平、李学兵：《农业综合水价应真实反映水的公共基础性资源价值》，
《中国水利》2015 年第 20 期。
⑥ 薛小颖：《完善农业水价形成机制若干问题的思考——合肥市农业用水价格有关情
况的调研报告》，《当代农村财经》2014 年第 8 期。
⑦ 鲜雯娇、徐中民、邓晓红：《灌区农业完全成本水价研究——以张掖市甘州区灌区
为例》，《冰川冻土》2014 年第 4 期。

贴、优化管理的经验启示。① 刘小勇具体分析了如何建立科学合理的农业用水价格机制、管控机制、调整机制，提出农业用水价格应创新有利于水价改革的边界条件，促进农业向适度规模经营发展。② 黄豆豆等系统描述江宁区农业用水价格机制及配套措施实践情况。③ 蔡雨寒指出，当前农业用水价格暗补形式不利于农户提高节水意识，应创新农业用水价格机制，让水价转让成为农民增收新渠道，合理确定农业用水价格机制，暂缓水资源费征收，建立农业用水三级市场。④ 尹越等利用能值理论和农业用水存在正外部性，计算扬州市农业用水价格，同时从农民承受力、区域水资源结构和现行水价形成机制的视角提出完善农业用水价格机制的结论。⑤ 杨小凤等界定了农业供水成本内涵，确定了农业供水价格，明确了各类成本应计提的费用及比例，提出金乡县农业用水价格形成策略。⑥ 王苏等在地方农业水价综合改革基础上，将环境补偿纳入农业用水价格形成机制。⑦ 陈艳萍等运用ELES 模型确定水费承受指数，确定水权交易价格管制上限，将资源水价作为水权交易价格管制下限，应用模糊数学法确定资源水价得出2019 年元氏县灌溉用水户水权交易的价格管制区间为 [0.11, 0.26] 元/立方米，由此提出地方水利机构应制定水权交易价格管制区间，并确保水权交易在价格管制区间内进行，使水权交易能实现经济与生态双重优化的目标。⑧ 王钇霖等基于河北省小麦典型产区数据，研究得出，小麦生产的农业水价可逐步上涨至 0.546 元/立方米，单位面

---

① 王冠军、柳长顺、王健宇：《农业水价综合改革面临的形势和国内外经验借鉴》，《中国水利》2015 年第 9 期。

② 刘小勇：《农业水价改革的理论分析与路径选择》，《水利经济》2016 年第 3 期。

③ 黄豆豆、郑卫东、章二子等：《江宁区农业水价形成机制及配套措施研究》，《江苏水利》2017 年第 1 期。

④ 蔡雨寒：《我国农业水价形成机制创新研究》，《水利规划与设计》2017 年第 5 期。

⑤ 尹越、陈菁、施红怡等：《基于能值理论与稻田灌溉多功能性农业水价形成机制分析》，《排灌机械工程学报》2017 年第 11 期。

⑥ 杨小凤、李振、曹晨杰：《金乡县农业水价形成机制分析》，《山东水利》2018 年第 3 期。

⑦ 王苏、沈挺、郭存芝：《苏南地区农业水价形成机制研究》，《江苏水利》2018 年第 7 期。

⑧ 陈艳萍、朱瑾：《基于水费承受能力的水权交易价格管制区间——以灌溉用水户水权交易为例》，《资源科学》2021 年第 8 期。

积小麦种植成本和节水技术应用成本与农业灌溉用水量呈现显著正相关关系。①

（三）农业用水价格调节机制相关研究

农业用水价格调节机制研究包含农业用水价格变动对用水户行为意愿影响和节水效应影响以及农业用水价格补贴奖励机制三个方面。

1. 农业用水价格变动对用水户行为意愿影响

王密侠等研究指出，农民水价心理承受能力在很大程度上取决于水费收取的准确性与公正性，而只有提高农民收入才能实质性增加农民水价承受能力。② 苏永新分析了甘肃中部地区大中型灌区农业用水价格的合理范围在 0.07—0.22 元/立方米。③ 于法稳等进行了内蒙古河套灌溉水价对用水量、用水方式及种植结构的影响分析，结果表明灌区农民整体认为适宜的灌溉水价为 24 元/亩，最高可承受的灌溉水价为 64 元/亩。④ 周振民等提出，灌溉水费占总投入 10%—12%，占总产值的 5%—7% 是农民可接受的合理范围。⑤ 廖永松等对案例地区农业用水价格进行调查分析，结果表明，灌区内农业用水价格上涨空间有限，农业用水价格改革需与相应配套措施结合才能达到优化资源配置的作用。⑥ 李宝萍等对各类农业水费征收制度优缺点及农业用水价格制订方法进行了比较分析，提出农民认为农业用水价格占总收入的 8% 为水价制定的最高上限。⑦ 陈菁等调查得出五岸灌区农民水价

① 王钇霏、许朗：《粮食安全视域下农业水价改革空间研究》，《节水灌溉》2021 年第 11 期。

② 王密侠、汪志农、尚虎君等：《关中九大灌区农业水价与农户承载力调查研究》，《灌溉排水学报》2005 年第 3 期。

③ 苏永新：《甘肃中部地区农业水价与用水量分析》，《甘肃水利水电技术》2005 年第 9 期。

④ 于法稳、屈忠义、冯兆忠：《灌溉水价对农户行为的影响分析——以内蒙古河套灌区为例》，《中国农村观察》2005 年第 1 期。

⑤ 周振民、吴昊：《农业水价改革与农民承受力研究》，《水利经济》2005 年第 5 期。

⑥ 廖永松、鲍子云、黄庆文：《灌溉水价改革与农民承受能力》，《水利发展研究》2006 年第 12 期。

⑦ 李宝萍、赵慧珍、陈海涛等：《农业水价改革与农民承受能力研究》，《人民黄河》2007 年第 2 期。

支付意愿在 30—40 元/亩，且最适宜的农业用水价格为 37 元/亩，此时灌区农业水费总收入约为 18 万元。① 雷波等研究证明，农业用水价格变动能够有效改变农户用水行为，对促进农业节水的显著效应明显；但农业节水技术的成本投入、技术指导及末级工程设施修缮需要政府支持或给予补贴，农民自身承担能力薄弱。② 江煜等指出玛纳斯河灌区 2006 年农户可承受的平均终端灌溉水价为 0.1109 元/立方米，灌区农业水费不超过农业生产成本的 14%、纯收入的 20% 是较为合理的，且利用水费占人均纯收入的占比指标衡量农民水费承受能力更为合理。③ 年自力等对新疆和云南的用水农户进行调查，研究表明，尽管我国农业用水价格总体偏低，但与农户收入相比，水费负担已偏高；同时水价调整对促进农业结构调整作用并不明显，农民选择种植作物主要基于价格示范因素，同时研究认为节水技术具有示范作用。④ 唐增等利用条件评估法分析了张掖市农户对农业灌溉用水的支付意愿，研究表明，2006 年农业用水价格已达到农民承受上限，未来制定水价改革中，要将农民承受能力纳入水价制定，要提高农民对水价的承受能力，最重要的是要提高农民收入。⑤ 晏成明等依据农业和谐水价计算模型计算得出 2010 年张掖市农业和谐供水价格在 0.1775—0.2004 元/立方米。⑥ 张文明等运用社会资本理论对农民灌溉水费支付意愿影响因素进行分析，研究表明，对村干部信任程度及村内互助程度是影响灌溉水费支付的主要因素，此外，耕地面积及供水及时性

① 陈菁、陈丹、陆军等：《基于意愿调查的农业用水价格承载力研究》，《中国农村水利水电》2007 年第 2 期。
② 雷波、杨爽、高占义等：《农业水价改革对农民灌溉决策行为的影响分析》，《中国农村水利水电》2008 年第 5 期。
③ 江煜、王学峰：《玛纳斯河灌区农户农业灌溉水价承受能力研究》，《节水灌溉》2008 年第 5 期。
④ 年自力、郭正友、雷波等：《农业用水户的水费承受能力及其对农业水价改革的态度——来自云南和新疆灌区的实地调研》，《中国农村水利水电》2009 年第 9 期。
⑤ 唐增、徐中民：《CVM 评价农户对农业水价的承受力——以甘肃省张掖市为例》，《冰川冻土》2009 年第 6 期。
⑥ 晏成明、唐德善：《张掖市农业用水承受能力及其和谐水价分析》，《安徽农业科学》2009 年第 10 期。

是灌溉水费支付意愿的次要因素。[①] 张维康等结合条件价值支付意愿和心理参照点理论考察了农民灌溉水价支付意愿，表明农民心理参照点小于实际支付水价是水费收取难的直接因素，政府近年的惠农政策也相应降低了农民的心理参照点。[②] 尹小娟等利用 CVM 模型研究得出，张掖市农户对水价的平均支付意愿为 75.37 元/亩，农业用水受农民收入影响，提升空间较小，农业用水价格改革应采取多种方式进行探索。[③] 乔旭宁等通过 CVM 模型分析得出渭干河灌区农民用水需求意愿平均在 53.34 元/亩，比较分析了下、中、上游农民具有不同的需求意愿，且水量充足的上游农民支付意愿显著高于中、下游地区农民。[④] 王斌等将农业生产资料价格指数引入灌区水价，发现与同期全省农业生产资料价格指数总体呈稳步上升的趋势偏离严重，建议以农业生产资料价格指数变化率为依据动态调整水价，且认为适当上调农业水价不会增加灌区农民负担。[⑤]

2. 农业用水价格变动对节水效应影响

贾绍凤等指出，当灌溉水价从 0.03 元/立方米提高到 0.30 元/立方米时，意味着目前仍很普遍的大水漫灌将成为历史，全部采用节水灌溉，此时华北灌区农业需水量将减少到 1600 立方米/hm²。[⑥] 雷波指出国家建立水市场的根本目标不是实现利润最大化，而是通过水资源有偿使用方式，利用价格杠杆促进农民采用节水生产，对农民采用节水设施的投资费用政府应给予相应补贴，保障农民在经济效应下生

[①] 张文明、陈丹、朱根等：《基于社会资本理论的农民灌溉水价支付意愿影响因素分析模型》，《水利经济》2010 年第 2 期。

[②] 张维康、曾扬一、傅新红等：《心理参照点、支付意愿与灌溉水价——以四川省 20 县区 567 户农民为例》，《资源科学》2014 年第 10 期。

[③] 尹小娟、蔡国英：《基于 CVM 的农户水价支付意愿及其影响因素分析——以张掖市甘临高三地为例》，《干旱区资源与环境》2016 年第 5 期。

[④] 乔旭宁、詹慧丽、唐宏等：《渭干河流域农业灌溉用水的农户支付意愿及影响因素分析》，《干旱区资源与环境》2018 年第 11 期。

[⑤] 王斌、张秀芳、姜宁：《基于农业生产资料价格指数的灌区农业水价研究》，《水灌溉》2021 年第 1 期。

[⑥] 贾绍凤、康德勇：《提高水价对水资源需求的影响分析——以华北地区为例》，《水科学进展》2000 年第 3 期。

产行为的利润最大化。① 郭善民等调查表明，江苏省皂河灌区农业用水价格改革对农民与供水单位的节水行为影响不显著，提高水价有利于增加供水单位收益，但却降低了农民的福利水平。② 朱杰敏等指出，农业用水价格因需求弹性不同而出现需求量频繁变动，农业用水价格上涨是必然趋势，在此过程中，政府对供水的补贴、建立多元水价、健全水价管理、鼓励用水户参与以及建立补偿机制等方面应是改革重点。③ 裴源生等通过对总量控制和定额管理的内涵特征及作用机理进行解析，将总量控制与定额管理间的联系与区别加以理论解释，构建了总量控制和定额管理相互协调的原则、模式、方法和措施在内的协调保障体系④，为我们分析水价改革与节水效应关系提供了理论支撑。翟志杰等指出，若农业节水规划不合理，则会导致农田水文循环改变、地下水渗补量减少、地表土壤沙化、残膜污染等问题，为农业节水的生态效应分析提供理论依据。⑤ 廖永松对石津、泾惠渠和武都灌区的研究分析得出，灌溉水价对小麦用水影响显著、对玉米影响不显著，农民对灌溉水价承受力有限，在水价覆盖灌溉成本的目标下，改革重点应在降成本，而非涨水价。⑥ 韩振中等通过调查测算得出，2007 年全国大、中、小及纯井灌区的平均灌溉用水有效利用系数分别为 0.43、0.43、0.47 及 0.68，与当期节水标准仍有较大差距。⑦ 孙建光等研究了塔里木河流域农业用水价格能够促进农业种植结构、

---

① 雷波：《政府干预与市场行为对实现节水农业的作用》，《节水灌溉》2004 年第 2 期。

② 郭善民、王荣：《农业水价政策作用的效果分析》，《农业经济问题》2004 年第 7 期。

③ 朱杰敏、张玲：《农业灌区水价政策及其对节水的影响》，《中国农村水利水电》2007 年第 11 期。

④ 裴源生、刘建刚、赵勇：《总量控制与定额管理概念辨析》，《中国水利》2008 年第 8 期；裴源生、刘建刚、赵勇等：《水资源用水总量控制与定额管理协调保障技术研究》，《水利水电技术》2009 年第 3 期。

⑤ 翟志杰、赵勇、裴源生：《徒骇马颊河流域农业节水的水文生态效应分析》，《黑龙江水专学报》2009 年第 3 期。

⑥ 廖永松：《灌溉水价改革对灌溉用水、粮食生产和农民收入的影响分析》，《中国农村经济》2009 年第 1 期。

⑦ 韩振中、裴源生、李远华：《灌溉用水有效利用系数测算与分析》，《中国水利》2009 年第 3 期。

用水结构的演进优化。① 姜文来等分析了 68 个大中型灌区和新疆地区灌水定额价格弹性系数变化，表明农业用水价格节水具有阶段性效应，适宜的水价能促进农业节水。② 刘建刚等对农业节水潜力做出了定义，从作物节水、田间节水、灌区节水和区域节水四个角度对相关内容做出了详细的内涵界定。③ 毛春梅研究了黄河流域农业用水价格与节水效果之间的关系，结果表明，流域内灌溉水价的需求弹性在 -0.741—-0.571 之间，将现行水价调整到成本水价后可减少农业灌溉用水 63.05 亿立方米，总量减少 22.8%。④

3. 农业用水价格补贴及奖励机制研究

刘红梅等明确了农业用水价格明补和暗补的概念，从经济学视角分析了农业用水价格补贴的重要性，研究得出暗补的经济效率较低但操作便利，明补的经济效率较高，在可行地区应大力推行农业用水价格明补方式。⑤ 尹庆民等分析了农业水费分担的必要性，提出用水户—灌区的节水激励模型，研究得出将农业用水价格提高的同时给予用水户的直补形式有利于调动农民节水积极性，同时各地区的补贴分配比例应因地制宜制定。⑥ 任梅芳等对农业节水灌溉水价及农户承受力方面进行了文献梳理，制定了农业节水灌溉水价及激励补偿水价模型，分析得出泾惠渠灌区农民的节水激励补偿价格为 0.1278 元/立方

① 孙建光、韩桂兰：《塔里木河流域农业水价调整对农业水资源配置和利用的经济效应分析》，《水利经济》2010 年第 11 期。
② 姜文来、雷波：《农业水价节水效应及其政策建议》，《水利发展研究》2010 年第 12 期。
③ 刘建刚、裴源生、赵勇：《不同尺度农业节水潜力的概念界定与耦合关系》，《中国水利》2011 年第 7 期。
④ 毛春梅：《农业水价改革与节水效果的关系分析》，《中国农村水利水电》2005 年第 4 期。
⑤ 刘红梅、王克强、黄智俊：《农业水价补贴方式选择的经济学分析》，《山西财经大学学报》2006 年第 10 期。
⑥ 尹庆民、马超、许长新：《中国流域内农业水费的分担模式》，《中国人口·资源与环境》2010 年第 9 期。

米。① 高媛媛等比较分析了典型农业用水价格分担机制，指出政府对农业用水价格的分担表现在水利设施投资、减免工程贷款利息以及部分维护费用层面，继而得出我国农业用水价格应以农民承受力为基础，合理制定水价分担机制。② 徐璇等界定了农业用水的相关利益主体，比较分析了农业用水价格多种分担模式，将政府参与分担农业用水价格类型分为政府明补和暗补，构建用水户参与农业用水价格分担模式。③ 姜文来等认为，农业用水价格的合理分担就是由国家、地方政府、农民及农业用水受益者等组织或个人共同合理负担农业供水成本，之所以研究农业用水价格合理分担，主要基于农业用水具有生态功能、粮食安全等多功能性，在此基础上，对我国农业用水利益相关者的互动行为、利益诉求、博弈关系等进行了文献梳理。④ 邱书钦比较分析了国内外多种农业用水价格分担体系，得出直补用水户的补贴形式更为有效，继而提出我国财政直补模式下节水激励模型与水价分担流程。⑤ 冯欣等综述了国内外农业用水价格补偿及分摊机制的研究现状，提出我国农业用水价格分担研究存在理论薄弱、缺乏定量测算研究以及评价方法不足等问题。⑥ 常宝军等选取了实行一提一补制度的典型地区，研究得出单一的激励机制作用有限，只有激励和约束机制共同实行才能达到节水实效。⑦ 刘维哲等以河北农业水价改革地区

① 任梅芳、胡笑涛、蔡焕杰等：《农业节水灌溉水价形成机制与农户承载力分析》，《中国会议》2010 年第 8 期；任梅芳、胡笑涛、蔡焕杰等：《农业节水灌溉水价与补偿机制水价模型》，《中国农村水利水电》2011 年第 7 期。

② 高媛媛、姜文来、殷小琳：《典型国家农业水价分担及对我国的启示》，《水利经济》2012 年第 1 期。

③ 徐璇、毛春梅：《我国农业水价分担模式探讨》，《水利经济》2013 年第 3 期。

④ 姜文来：《农业水价合理分担研究》，《中国市场》2012 年第 4 期；姜文来：《建立农业水价合理分担机制》，《中国水利报》2012 年 3 月 22 日第 6 版；姜文来、刘洋、伊热鼓：《农业水价合理分担研究进展》，《水利水电科技进展》2015 年第 9 期。

⑤ 邱书钦：《我国农业水价分担模式比较及选择》，《价格理论与实践》2016 年第 12 期。

⑥ 冯欣、姜文来：《我国农业用水利益相关者研究进展及展望》，《中国农业资源与区划》2018 年第 2 期。

⑦ 常宝军、郭安强、鲁关立等：《农业用水精准补贴机制的激励、约束作用探析》，《中国农村水利水电》2020 年第 9 期。

为研究对象，实证检验了水价政策改革对节水技术采用的影响，并基于技术属性和禀赋差异探讨了农户分化在技术采用中的倾向差异。研究发现"超用加价"模式的水价政策改革显著促进了节水技术的使用；同时，农户分化导致了节水技术选择中存在倾向差异，水价改革并未有效促进农户使用喷灌、滴灌等现代节水设施；此外，提升农民对节水技术有效性认知和水资源稀缺预期，降低农民对节水技术使用的风险性感知可有效促进农户使用节水技术，家庭非农就业程度对节水技术采用具有显著负向影响。[①]

（四）农业水价综合改革相关研究

高峰等指出，我国农业用水浪费已达 1600 亿立方米，"不合理的价格体系对水资源配置一定程度起到了反向调节作用"[②]。郑通汉提出我国必须建立以水价综合改革为动力的农业用水价格制度，整体推进灌区节水改造、用水管理体制改革以及提高水利用效率。[③] 丁杰等指出我国农业用水价格改革的基本思路是加大农田水利基础设施投入力度、加强农业用水价格管理和财政补贴、落实末级渠系产权制度等。[④] 朱万花分析了甘肃省景电灌区水价现状，提出灌区水价改革应建立电价、水价同步上调机制，建立工程公益类保障机制等。[⑤] 江野军等对地方实践探索进行分析，提出进一步把握农业用水价格改革基本走向及配套措施建设的建议。[⑥] 张献峰等指出农业用水价格改革要全面认识到社会承受力。[⑦] 崔延松等比较了东中西部地区水资源及发

① 刘维哲、王西琴：《农户分化视角下农业水价政策改革与节水技术采用倾向研究——基于河北地区农户调研数据》，《中国生态农业学报（中英文）》2022 年第 1 期。

② 高峰、许建中：《我国农业水资源状况与水价理论分析》，《灌溉排水学报》2003 年第 12 期。

③ 郑通汉：《推进水价综合改革建立农田水利良性运行机制》，《农村水利》2007 年第 12 期。

④ 丁杰、万劲松、康敏：《推进我国农业水价改革基本思路研究》，《价格理论与实践》2012 年第 5 期。

⑤ 朱万花：《景电灌区推进水价改革的思考》，《节水灌溉》2013 年第 11 期。

⑥ 江野军、江四新：《关于江西农业水价改革的思考》，《价格月刊》2014 年第11 期。

⑦ 张献锋、冯巧、尤庆国等：《推进农业水价改革的思考》，《水利经济》2014 年第 1 期。

展特征，提出适应东部地区的经济发展需求型农业用水价格模式、适应西部的生态环境约束型农业用水价格模式以及适应中部的综合发展推动型农业用水价格模式，在城乡一体化建设过程中，东中西部共同实现城乡统筹单元型农业用水价格模式。① 许朗等认为，现行推广的农业水价综合改革存在水权转让回收实现难、地方政府补贴持续难等问题。②

江先河分析了江西省农业用水存在着服务体系支撑不足、农民节水意识不强、工程设施不健全等问题，在此基础上建议江西省农业水价综合改革应分步分类推进，第一阶段重点完善农业用水管理机制、落实计量设施、建立用水档案管理；第二阶段转变水费收取方式、建立补贴和奖励机制。③ 李然等从农业用水价格改革的历史背景、价格机制、实践成效、路径选择四个视角对相关文献进行梳理，研究得出当前农业用水价格改革研究对象过于宽泛、研究视角较为单一、理论框架系统性不足等。④ 孙天合等指出，近年来对农业水价综合改革的研究仍局限于政策涉及的层面，相关研究主要围绕水价形成机制和补贴奖励等方面描述各地区实践情况。⑤ 王天雄介绍了张掖市农业综合改革实施情况、取得成效、存在的问题，提出了下一步改革要加大末级渠系建设力度、加大量水设施投入力度、建立精准补贴和节水奖励基金以及规范农民用水户协会运行。⑥ 陈邦尚等梳理了重庆市农业用水价格改革历史进程，在多项措施基础上取得了节水成效和有效管理，下一步将对农业用水供给方面加强建设。⑦ 裴永刚等介绍了北京

---

① 崔延松、鲁红卫、任杰：《我国东中西部地区农业水价改革模式选择与管理诉求》，《中国水利》2014 年第 12 期。

② 许朗、陈燕：《农业水价综合改革现状、问题及对策——以安徽六安市农业水价综合改革试点为例》，《节水灌溉》2016 年第 5 期。

③ 江先河：《江西省推进农业水价综合改革的思考》，《水利发展研究》2017 年第 9 期。

④ 李然、田代贵：《农业水价的困境摆脱与当下因应》，《改革》2016 年第 9 期。

⑤ 孙天合、严婷婷、罗琳：《农业水价综合改革现状及其展望》，《中国农村水利水电》2017 年第 12 期。

⑥ 王天雄：《张掖市农业水价综合改革成效与问题研究》，《中国水利》2017 年第 1 期。

⑦ 陈邦尚、田伟、李鸿：《重庆市农业水价综合改革的实践与思考》，《水利发展研究》2017 年第 11 期。

农业用水存在终端水价测算模型，对北京各区农业用水价格及用水定额进行了统计分析。[①] 蓝桐林认为，武威市西营灌区实施农业水价综合改革的有效路径为：实施总量控制和定额管理，全面精准计量供水设施，完善农业用水价格机制及工程配套设施，全面建立精准补贴及节水奖励办法。[②] 蒋勇指出，水价改革首要目标是节水，建议将改造灌区工程预算纳入财政支持、明确产权及群众主体地位、构建协商定价机制加强定额管理。[③] 姜翔程等对农业水价综合改革的利益相关者进行分析，将其划分为农业水价影响者、承担者、执行者和农业水利设施管理者四种类型，研究指出水价承担者配合度可通过改善改革环境来提高，供水设施运行效率对农业水价存在重要影响。[④] 冯欣等研究我国农业水价综合改革在节水效率、分工实现、技术推广和强化社会化服务体系等方面体现了绿色发展的理念，为推动改革工作的进一步落实，适应农业绿色发展新形势提出了相关政策建议。[⑤]

（五）农业水价综合改革绩效评价相关研究

雷波等运用 AHP 评价方法，对旱作区节水农业的经济效应、社会效应和生态效应进行分析，结果表明，案例区在 1996—2000 年的综合效应从 0.06 提高到 0.39，年均提高 0.083，经济效应高于社会效应高于生态效应，然而，从实际情况看，很多节水技术仅处于理论层面，推广不足，亟须加大实践投入。[⑥] 戴勇等基于交叉分析法，提出农业用水价格改革具有联动效应，在交互作用情况下，农业用水价格改革有利于水费实收率提高。[⑦] 李婷等构建了农业用水价格改革的

---

① 裴永刚、田海涛：《北京市农业水价综合改革分析》，《北京水利》2018 年第 4 期。
② 蓝桐林：《西营灌区农业水价综合改革试点探索》，《水利水电》2018 年第 8 期。
③ 蒋勇：《关于新时期我国农业水价综合改革的思考》，《学术》2018 年第 9 期。
④ 姜翔程、解小爽、孙杰：《农业水价综合改革的利益相关者分析》，《水利经济》2020 年第 1 期。
⑤ 冯欣、姜文来、刘洋：《绿色发展背景下农业水价综合改革研究》，《中国农业资源与区划》2020 年第 10 期。
⑥ 雷波、姜文来：《北方旱作区节水农业综合绩效评价研究——以山西寿阳为例》，《干旱地区农业研究》2008 年第 3 期。
⑦ 戴勇、顾宏、李江安等：《基于交叉影响法的农业水价改革联动效应研究——以江苏高邮市农业水价综合改革试点为例》，《水利财务与经济》2015 年第 6 期。

绩效评价体系，运用熵权法确定评价指标的权重向量，结果表明，湖南省农业用水价格改革取得了良好的社会绩效，得益于改革过程中末级渠系节水改造、配套设施建设、实行计量收费模式及用水组织建设等。① 伊热鼓等在梳理了国内外学者关于农业用水价格效应研究文献基础上，选取了经济、节水、社会及生态四个一级指标，分析了内蒙古自治区杭锦旗农业水价综合改革绩效，结果表明该地区在经济效应方面成效显著。② 叶志才等构建了江苏省农业水价综合改革绩效考核指标体系，从核心要素、条件要素、保障要素及绩效要素四个视角切入，细化了16项具体要素并分区赋权，就考核办法的具体实施给予了政策建议。③ 董小菁等对比统一水价、阶梯水价以及水权交易水价对农户种植结构的影响，发现每亩低价水定额对农户选择种植低耗水作物有非线性影响，水权交易水价更能引导农户种植节水作物。④ 蔡威熙等认为保障供水方、用水方和水资源所有者在农业水价改革中的最优利益是农业水价改革的重要前提，其收益来源的外生性和不确定性衍生出改革政策存在的利益不相容缺陷，建议供水方让利补贴用水方、水资源所有者奖励节约用水者、保护价收购农业节余水权等。⑤ 徐小飞等以广东省陆河县农业水价综合改革试点为例，介绍试点地区在建立水价机制和奖补机制等方面的做法和成效。⑥

① 李婷、郑垂勇：《农业水价改革绩效的熵权模糊综合评价》，《水利经济》2015年第3期。
② 伊热鼓、姜文来：《农业水价效应研究进展》，《中国农业资源与区划》2017年第8期；伊热鼓、姜文来：《农业水价综合改革绩效评估研究——以内蒙古杭锦旗为例》，《中国农业资源与区划》2018年第7期。
③ 叶志才、宋成武、崔延松等：《基于江苏灌溉特点的农业水价综合改革绩效考核方法探讨》，《水利财务与经济》2018年第4期。
④ 董小菁、纪月清、钟甫宁：《农业水价政策对农户种植结构的影响——以新疆地区为例》，《中国农村观察》2020年第3期。
⑤ 蔡威熙、周玉玺、胡继连：《农业水价改革的利益相容政策研究——基于山东省的案例分析》，《农业经济问题》2020年第10期。
⑥ 徐小飞、孔庆雨、叶甫良等：《广东省农业水价综合改革实践与探索——以陆河县农业水价综合改革试点为例》，《广东水利水电》2021年第11期。

三 研究评述

上述相关研究表明，"农业用水价格并非完全遵循一般商品的供需关系，不能完全按照市场机制进行自发调节"①，这是由于农业用水内含外部性、弱质性、信息不对称以及垄断性等特点，通常情况下农业用水价格机制演变源于用水需求增长、水资源过度消耗、补偿成本、缓解财政压力、改造灌溉设施等。

总体而言，农业用水价格机制的核心原则是在一定程度上补偿成本，促进农业节水和用水可持续发展，价格形成机制应结合农业用水的外部性、垄断性以及农民承受能力等进行定价，可采用作物水分生产函数、剩余价值分析、影子价格法、边际成本法、内涵价格法及模糊数学法等定价方法；定价机制方面，现有研究论述了"服务成本＋承受力"模式、政策性低水价模式、用水户承受能力定价模式、"成本＋承受力"等模式。水价承受能力测算方法普遍采用指数法，即水费支出与用水户农业生产成本、农业产值、净收益的不同比值；计价方式方面，现有研究主要论述了计量水价、两部制水价、终端水价及累进加价等方式。

从农业用水价格机制研究层面分析，现行研究更多侧重单方面的农业用水价格形成机制研究，或是基于成本补偿条件的农业用水定价机制研究，或是基于农民承载力条件的农业用水定价机制研究，研究视角存在一定缺陷，对深入农业用水价格机制构成机理的研究较少，缺乏综合分析成本补偿、用水户承载力、调节供需均衡以及促进农业可持续发展的系统性农业用水价格机制的理论研究。此外，从农业用水效应评价研究层面分析，现有的农业水价综合改革评价指标体系缺乏对政策效应指标构建，对于"先建机制，后建工程"改革要求的体现不足，上述问题均是我国农业用水价格机制研究亟须拓展的研究领域和深入重点。

---

① 姜文来、雷波：《农业水价节水效应及其政策建议》，《水利发展研究》2010 年第 12 期。

第三节 研究思路与方法

一 研究思路

本书首先厘清了农业用水价格机制相关核心概念的内涵与外延，基于政治经济学价格理论、价格机制理论，对农业用水价格的影响维度、农业用水价格形成机制及价格调节机制的构成机理进行了理论阐释，构建了农业用水价格机制的政治经济学分析框架。其次，本书分析了我国农业用水价格机制的历史演进和现实状况，分析农业水价综合改革后试点地区农业用水价格机制的主要进展，梳理了当前农业用水价格机制仍然存在的主要问题。而后，本书基于农业用水价格机制的政治经济学分析框架，对案例地区进行实证研究，系统研判现行农业用水价格机制与构成机理之间的关系。同时，本书构建了农业用水价格机制效应评价指标体系，系统评价农业水价综合改革前后，农业用水价格机制的变动效应。再次，本书分析了国际农业用水价格机制，得出对完善我国农业用水价格机制的经验启示。复次，本书提出优化我国农业用水价格机制的政策构想，包含优化我国农业用水价格形成机制、农业用水价格调节机制以及农业用水价格机制的配套政策构想。最后得出本书的主要研究结论及进一步研究展望。

二 研究方法

本书坚持以马克思主义唯物辩证法为根本研究方法，以历史研究与逻辑分析相统一、规范研究与实证分析相统一、归纳研究与演绎分析相统一、定性研究与定量分析相统一的研究方法为补充。

马克思主义唯物辩证法。马克思主义唯物辩证法是指导我国社会主义市场经济发展的基础研究方法，也是我国社会科学和其他学科的根本研究方法。马克思指出，"辩证法在对现存事物的肯定理解中同时包含对现存事物的否定的理解，即对现存事物必然灭亡的理解；辩证法对每一种既成的形式都是从不断的运动中，因而也是从它的暂时性方面去理解"①。本书在我国农业用水价格机制研究上坚持以政治经济学唯物辩证法为指导，对我国农业用水价格进程进行回顾，对农业用水价格机制进展及难题进行梳理，尝试对农业用水价格机制内在构成机理进行分析研究；同时，本书对国际农业用水价格机制的分析采用"否定之否定"的辩证研究方法，并结合我国实际情况，提出完善我国农业用水价格机制的经验启示和政策构想。

历史研究与逻辑分析相统一。历史与逻辑相统一，便是对事物的历史演进进行一个抽象的规定，并采取逻辑分析进行事物发展规律的验证。本书对我国农业用水价格机制的研究着重采用了历史研究与逻辑分析相统一的研究方法。对农业用水价格机制的相关核心概念进行界定，梳理历史进程中价格机制的内涵与外延，运用历史研究法分析农业用水价格机制历史进程，探求农业用水价格机制核心措施——农业水价综合改革的产生与发展逻辑；同时分析改革取得的进展及局限性，综合研究得出农业水价综合改革是基于农业用水价格机制构建不足的历史条件下孕育出来的逻辑现实。

规范研究与实证分析相统一。本书按照"规范—实证—规范"的基本逻辑展开研究，从农业用水价格机制现状与问题的规范性分析出发，逐渐深入研究我国农业用水价格机制内在构成机理，探讨农业用水价格机制的内在规律，以政治经济学价格理论为指导，合理借鉴西方经济学相关价格理论，构建农业用水价格机制的理论分析架构。与此同时，本书运用实证分析方法，根据案例的代表性和数据的可获得性，以四川省武引灌区为案例，运用实地调研、问卷调查和座谈交流等方式进行农业用水价格机制的实证分析，力图使规范研究与实证分析相统一，提出符合现实规律、

---

① 马克思：《资本论》第 1 卷，人民出版社 1975 年版，第 26 页。

具有可操作性的对策建议。

归纳研究与演绎分析相统一。归纳研究是从个别性理论引申出一般性观念的研究方法，演绎分析则是从一般知识到个别分析的研究方法。本书运用归纳研究与演绎分析方法，对我国农业用水价格机制表征进行归纳研究，同时归纳得出农业用水价格机制存在价格形成机制残缺与价格调节机制不健全等突出问题。此外，运用演绎法对案例地区农业用水价格机制具体实践情况进行分析，对农业水价综合改革前后农业用水价格机制进行效应评价分析，而后归纳总结国际农业用水价格机制对我国的经验启示，归纳提出优化我国农业用水价格机制的政策构想。

定性研究与定量分析相统一。定性研究是对事物本质的具体描述，本书对我国农业水价综合改革取得的进展与存在的局限性分别进行了定性研究，定性分析了国际农业用水价格机制的现行情况及特征。同时，为了使研究更加深入和精确，本书通过建立农业用水价格机制模糊评价模型，运用数理模型进行农业水价综合改革前农业用水价格机制效应评价分析，使得分析更透彻，更具学理性。

第四节 研究框架与内容

一 研究框架

本书基于政治经济学价格理论，分析了农业用水价格机制的核心概念，构建了农业用水价格机制的政治经济学分析框架，研究了我国农业用水价格机制的历史演进和现实状况，对案例地区农业用水价格机制进行实证研究，构建了农业用水价格机制效应评价指标体系，分析了国际农业用水价格机制，提出优化我国农业用水价格机制的政策构想。综上所述，本书的研究框架如图 1-1 所示。

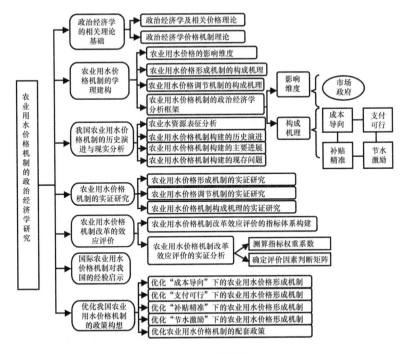

图 1-1   研究框架

二　研究内容

本书的研究内容主要包括：第一章，绪论。介绍了本书的研究背景与研究意义、国内外相关研究、研究思路与研究方法、研究框架与研究内容以及可能的创新点与不足，以便阐明本书整体研究方向和研究内容。第二章，政治经济学的相关理论基础。本章阐释了相关核心概念，同时以政治经济学价格理论、价格机制理论为指导，合理借鉴经济学其他价格理论内容，对农业用水价格进行了相关理论评述。第三章，农业用水价格机制的学理建构。本章分析了农业用水价格的影响维度，阐释基于政治经济学价格理论下，农业用水价格形成机制及农业用水价格调节机制的构成机理，提出了农业用水价格机制的政治经济学分析框架。第四章，中国农业用水价格机制的历史演进与现实分析。本章主要阐述中国农业用水价格机制构建的历史演进，分析了农业水价综合改革后，农业用水价格机制构建的主要进展以及仍然存在的现实问题。第五章，农业用水价格机制的实证研究——以四川省武引灌区为例。基于农业用水价格机制的政治经济学分析框架，本章对农业用水价格机制表现形式进行实证分析，以四川省武引灌区为案例，系统分析实践过程中的农业用水价格形成机制及农业用水价格调节机制是否符合理论层面的构成机理。第六章，农业用水价格机制改革的效应评价。本章重点对农业用水价格机制进行效应评价，构建了农业用水价格机制效应评价指标体系，运用层次分析法进行指标权重系数测算，运用模糊综合评判法得到各评价因素的模糊判断矩阵，综合研判改革前后农业用水价格机制的综合效应及各层指标的效应变动情况。第七章，国际农业用水价格机制对中国的经验启示。重点分析国际农业用水价格机制现实做法，基于其农业用水价格定价机制和调节机制的运行特征，得出完善我国农业用水价格机制的经验和启示，为优化我国农业用水价格机制提供合理借鉴。第八章，优化中国农业用水价格机制的政策构想。本章提出了优化"成本导向"和"支付可行"下农业用水价格形成机制的政策构想、"补贴精准"和"节水激励"下农业用水价格调节机制的政策构想以及农业用水价格机制的配套政策构想。第九章，结论和展望。对全书分析得出的研究结论进行系统性总结描述，同时提出关于优化我国农业用水价格机制的进一步研究展望。

第二章 政治经济学的相关理论基础

本章阐释了水资源价值与价格、农业用水价格、价格机制、农业用水价格机制、农业水价综合改革等相关核心概念。以政治经济学价格理论、价格机制理论为指导，合理借鉴经济学其他相关价格理论，对农业用水价格进行了相关理论概述。

第一节 概念界定

一 水资源价值与价格

（一）水资源

《中国大百科全书》对水资源的定义为："地球表层可供人类利用的水，包括水量（水质）、水域和水能资源，一般指每年可更新的水量资源。"[1] "1988年，联合国教科文组织与世界气象组织从数量、质量和可利用性等方面，把水资源定义为，可供利用或有可能被利用，具有足够数量和可用质量，并可适合某地对水的需求而能长期供应的水源。"[2] 在此基础上，研究学者进一步提出，"水资源包含了水量和水质两个方面，是人类生产生活及生存不可替代的自然资源和环境资源，是在一定的经济技术条件下，能够为社会直接利用或待利

---

[1] 叶永毅：《中国大百科全书（大气科学、海洋科学、水文科学卷）》，中国大百科全书出版社1987年版。

[2] 陈家琦、王浩：《水资源学概论》，中国水利水电出版社1996年版，第3页。

用，参与自然界水分循环，影响国民经济发展的淡水"①。此外，相关学者研究得出，水资源具有狭义和广义之分，"狭义的水资源是指能通过工程集中开发、输水和异地利用的形成径流的有效水分，包括地表水、地下含水层的潜水和承压地下水；广义水资源是指能被生态系统和经济系统直接利用的降水，和狭义水资源相比包括土壤水、冠层截留等部分水量"②。

同时，有学者研究指出，水资源应当包含三个延伸属性：一是经济、技术因素隐含在水资源中，强调了水资源的经济属性和社会属性，因而水资源具有相对动态特征，一些无法利用的水尽管暂时对国民经济影响较小，但当经济技术发展到一定阶段可以开发时，它就是水资源；二是应将失去使用价值的污水纳入水资源；三是水资源是环境资源，水资源的开发利用必须限制在环境可承受的范围之内。③

（二）水资源价值

相关学者研究认为，"水资源价值则是水资源使用者为了获得水资源使用权需要支付给水资源所有者（国家或集体）的一定货币额，它体现了水资源所有者与使用者之间经济关系，是水资源有偿使用的具体表现，是对水资源的所有者因水资源资产付出的一种补偿，是维持水资源持续供给的最基本前提，它的实质是水资源地租的资本化"④。同时，有学者提出，水资源具有负价值，"即水资源能够给人类带来危害的性质在经济社会生活中的体现"⑤。综合而言，水资源价值是水资源有偿使用的内在表现，是水资源所有权在经济上的具体体现。

（三）水资源价格

水资源价格通常是指具有商品属性的用水价格，是指通过必要的

---

① 姜文来、王华东、王淑华等：《水资源耦合价值研究》，《自然资源》1995 年第 3 期。
② 沈大军、王浩、梁瑞驹等：《水价理论与实践》，科学出版社 2001 年版，第 4 页。
③ 姜文来：《水资源价值论》，科学出版社 1999 年版，第 3—4 页。
④ 王华东：《我国水资源价值研究的现状与展望》，《地理学与国土研究》1996 年第 2 期。
⑤ 姜文来、于连生等：《水资源负价值的研究》，《生态经济》1993 年第 10 期。

水利工程对自然水资源进行必要的取用、输送、净化、配给，使水质达到国家鉴定标准后，供给用水户使用的商品水价格。科学的水资源价格应当由水资源本身价值、生产成本、适当利润以及污水税费等共同组成。根据国家颁布的《水利工程供水价格管理办法》要求，"水利工程供水价格由四部分组成，即供水生产成本、供水费用、税金和正常利润，其中供水成本包括供水过程产生的设施折旧维护费、原料费、人员工资和水资源费等"[①]。

二　农业用水价格

农业用水是指由水利供水工程提供的，用于灌溉粮食作物、经济作物等种植业的用水，以及包括水产养殖和畜牧业在内的养殖业用水等，狭义的农业用水通常仅指农作物灌溉用水。同理而言，农业用水价格概念也有广义和狭义之分，广义上的农业用水价格是包括种植、养殖业在内的用水水价，狭义上的农业用水价格主要指农作物的灌溉用水水价。根据《水利工程供水价格管理办法》，农业用水价格是水利工程供给农业用水的价格，以补偿农业供水生产成本费用核定的用水水价，利润和税金不宜纳入农业用水价格核算中。其中，骨干工程水费由国管水利机构负责征收，小型灌区和末级渠系水费由农民用水合作组织负责征收。理解农业用水价格的概念，应当明确农业用水价格的本质是一种商品价格，而非行政事业收费，农业用水的相关利益主体（灌区、用水户、政府）均应树立"水是商品"的市场交易意识；同时，由于农业用水价格具有垄断性和外部性等特征，农业用水总体采用政府定价，水价制定和实施需要保障灌区成本运营，需要考虑用水户承受力，同时为保障国家粮食安全，政府对农业用水价格应进行适当补贴。综上所述，本书研究的农业用水价格，是指兼具商品属性和公共品属性，在市场机制下，形成既能调节农业用水资源配

---

①　国家发展和改革委员会、水利部：《水利工程供水价格管理办法》，2003 年 7 月 23 日，http：//www.mofcom.gov.cn/article/b/f/200307/20030700113061.shtml。

置，稳定农业用水市场供求关系，又能形成节水意识，并体现农业水资源价值内核的农业用水价格。

三　价格机制

所谓"机制"指的是能够实现某种功能的要素结构和运行规则，"价格机制是指决定和影响价格形成与运行的各种要素相互联系和相互作用的内在机理及其调节经济运转的功能，主要包含价格形成机制、价格运行机制和价格调控机制"①。此外，也有研究认为，"价格机制是指在竞争过程中，与供求相互联系、相互制约的市场价格的形成和运行机制，主要包括价格形成机制和价格调节机制"②。

四　农业水价综合改革

农业水价综合改革是近年来我国为缓解农业水资源短缺，促进农业节约用水的国家重大战略工程，是健全我国农业用水价格机制的核心措施，是促进农业用水方式由粗放向集约转变的有效手段。"农业水价综合改革应当坚持'先建机制、后建工程'的原则，在总体不增加农民负担的前提下，结合大中型灌区续建配套节水改造、高标准农田建设、新增千亿斤粮食田间工程、农业综合开发等项目建设，统筹农业水价形成机制与精准补贴和节水奖励机制。"③ 就本书研究视角而言，农业水价综合改革主要包括夯实农业用水价格机制基础、健全农业用水价格形成机制以及健全农业用水价格调节机制三方面内容，其中，夯实农业用水价格机制基础包含确定农业水权分配及定额管理机制、建立水权交易机制、建立多元投入机制以及创新终端用水管护机制；健全农业用水价格形成机制包含健全分级定价机制、分类

---

① 周春、蒋和胜：《市场价格机制与生产要素价格研究》，四川大学出版社 2006 年版，第 23 页。

② 《价格机制定义》，https://baike.baidu.com/item/价格机制/7294251？fr = aladdin。

③ 国家发展和改革委员会：《国家发展改革委关于全面深化价格机制改革的意见》，2017 年 11 月 8 日，http://www.ndrc.gov.cn/zcfb/zcfbtz/201711/t20171110_ 866776.html。

定价机制及分档定价机制；健全农业用水价格调节机制则表现为健全农业用水价格补贴机制和农业节水奖励机制。通过农业水价综合改革推动形成科学合理的农业用水价格机制，实现农业节水，推动农业可持续发展。

第二节　理论基础

本节系统阐述了农业用水价格的相关理论研究，以政治经济学价格理论为指导，合理借鉴经济学相关价格理论，不同理论分析从自身视角研究提出了农业用水价格的理论分析渊源，增强了本书研究农业用水价格的学理性。

一　政治经济学及相关价格理论

（一）水资源价值论

价值规律认为，价格形成以价值为基础，价格形成表现在商品生产、流通等环节之中，价格形成的基础即马克思阐明的价值形成的原理。马克思指出："按照资本主义方式生产的每一个商品 W 的价值，用公式来表示是 W = c + v + m。如果我们从这个产品价值中减去剩余价值 m，那么，在商品中剩下的，只是一个在生产要素上耗费的资本价值 c + v 的等价物或补偿价值。"[①] 商品价值由 c + v + m 三个部分构成，因而商品价格首先由这三个因素构成为基础，其中，"商品价值的这个部分，即补偿所消耗的生产资料价格和所使用的劳动力价格的部分，只是补偿商品使资本家自身耗费的东西，所以对资本家来说，这就是商品的成本价格。商品使资本家耗费的东西和商品的生产本身所耗费的东西，无疑是两个完全不同的量。商品价值中由剩余价值构成的部分，不需要资本家耗费什么东西，因为它耗费的只是工人的无酬劳动。但是，因为在资本主义生产的基础上，工人自己在进入生产

---

① 马克思：《资本论》第 3 卷，人民出版社 1975 年版，第 30 页。

过程之后，就成为执行职能的并属于资本家的生产资本的一个组成部分，也就是说，资本家是实际的商品生产者，所以，对资本家来说，商品的成本价格必然表现为商品本身的实际费用。我们把成本价格叫作 k，$W = c + v + m$ 这个公式就转化为 $W = k + m$ 这个公式，或者说，商品价值 = 成本价格 + 剩余价值"[①]。

现实生产过程中，通常把 $c + v$ 划为成本，包括生产成本和流通费用，马克思指出，"商品的成本价格也决不仅仅是资本家账簿上的一个项目。这个价值部分的独立存在，在现实的商品生产中，会经常在实际中表现出来，因为这个价值部分会通过流通过程，由它的商品形式不断地再转化为生产资本的形式，也就是说，商品的成本价格必须不断买回在商品生产上消费的各种生产要素"[②]。价格形成中的成本是指商品生产经营活动中所消耗的费用。它包括商品生产和流通过程中耗费的物化劳动和活劳动的支出，是商品价值 $c + v$ 的货币表现。在生产领域表现为生产成本，在流通领域表现为流通成本，分别由生产和流通厂商核算。制定商品价格时必须以成本为最低界限，这是保证厂商正常生产经营活动的前提。马克思指出："商品出售价格的最低界限，是由商品的成本价格规定的。如果商品低于它的成本价格出售，生产资本中已经消耗的组成部分，就不能全部由出售价格得到补偿。如果这个过程继续下去，预付资本价值就会消失。从这个观点来说，资本家就乐于把成本价格看作商品的真正的内在价值，因为单是为了保持他的资本，成本价格已是必要的价格。况且，商品的成本价格还是资本家自己为了生产商品而支付的购买价格，因而是由商品的生产过程本身决定的购买价格。因此，在资本家面前，在商品出售时实现的价值余额或剩余价值，表现为商品的出售价格超过它的价值的余额，而不是表现为它的价值超过它的成本价格的余额，因而商品中包含的剩余价值好像不是通过商品的出售来实现，而是从商品的

---

① 马克思：《资本论》第 3 卷，人民出版社 1975 年版，第 30 页。
② 马克思：《资本论》第 3 卷，人民出版社 1975 年版，第 33 页。

出售本身产生的。"① 此外，成本具有个别成本和社会成本之分，在社会化大生产条件下，价格形成基础的成本应以社会成本为依据。

价格形成中的利润是商品价值构成中劳动创造的新价值（M）的货币表现。马克思指出："剩余价值首先是商品价值超过商品成本价格的余额。但是，因为成本价格等于所耗费的资本的价值，并且不断地再转化为所耗费的资本的各种物质要素，所以，这个价值余额就是商品的生产上耗费掉的并且会从商品流通中流回的资本的价值增加额。"② 剩余价值理论表明，"虽然剩余价值 m 只是产生于可变资本 v 的价值变动，因而本来只是可变资本的一个增长额，但在生产过程结束以后，它同样也成为所耗费的总资本 c + v 的一个价值增加额。c + (v + m) 这一公式——它表示，m 的生产是由于预付在劳动力上的一定的资本价值 v 转化为一个流动的量，即一个不变量转化为一个可变量——也可以用 (c + v) + m 来表现"③。在此过程中，"剩余价值，作为全部预付资本的这样一种观念上的产物，取得了利润这个转化形式。因此，一个价值额之所以成为资本，是因为它用来生产利润，换句话说，利润之所以产生出来，是因为有一个价值额被当做资本来使用。如果我们把利润叫做 p，那么，W = c + v + m = k + m 这个公式，就变成 W = k + p 这个公式，也就是商品价值 = 成本价格 + 利润"④。

价格形成以生产价格为基础。生产价格是价值的转化形态，由商品成本价格加上平均利润构成。它是社会化大生产发展到一定阶段的产物。商品交换开始的价格是以价值为基础，并围绕价值上下波动，随着商品生产发展到一定高度，在竞争机制的推动下，劳动力和资本在部门间的自由流动形成了平均利润，进而成为成本价格加平均利润的生产价格。这时的商品不只是当作商品来交换，还当作资本的产品来交换。这些资本要求等量投资获得等量回报，使各行各业的投资对

① 马克思：《资本论》第 3 卷，人民出版社 1975 年版，第 45 页。
② 马克思：《资本论》第 3 卷，人民出版社 1975 年版，第 41 页。
③ 马克思：《资本论》第 3 卷，人民出版社 1975 年版，第 41 页。
④ 马克思：《资本论》第 3 卷，人民出版社 1975 年版，第 44 页。

社会剩余价值的分配，实现等量投资获得等量利润的格局。生产价格形成后，商品的市场价格不是围绕价值而是围绕生产价格上下波动。这时社会盈利总额等于剩余价值总额，生产价格总额等于价值总额。马克思指出："这决不是必然的结论，而所以会做出这样的论断，只是因为商品的价值和商品的生产价格之间的区别一直没有被人理解。我们已经知道，一个商品的生产价格和它的价值决不是一回事，虽然商品的生产价格，就商品的总和来看，只是由商品的总价值来调节，虽然不同种商品的生产价格的变动，在其他一切情况不变时，完全是由这些商品的价值的变动决定的。我们已经指出，一个商品的生产价格可以高于它的价值，或低于它的价值，只有在例外的情况下才和它的价值相一致。所以，土地产品高于它们的生产价格出售这一事实，决不证明它们也高于它们的价值出售，正如工业品平均按它们的生产价格出售这一事实，决不证明它们是按它们的价值出售一样。农产品高于它们的生产价格但低于它们的价值出售的现象是可能的；另一方面同样可能的是，许多工业品只是因为高于它们的价值出售，才提供生产价格。"① 可见价格形成以生产价格为基础是客观的必然，是价格形成机制的内在决定。价格形成以理论价格为基础。理论价格是商品价值的理论货币表现，是按照马克思的价值理论测算出来的，相当于马克思所讲的"市场价值"而成为实际价格形成的基础，它包括了生产价格是价格形成基础的内涵。它是衡量实际价格高地的客观尺度，也是实际价格上下波动的中心；是从量的规定性上探讨价格的形成规律，在科学制定基础价格的基础上，寻找合理的比价关系和价格体系。

针对水资源商品，马克思指出，"如果它本身不是人类劳动的产品，那么它就不会把任何价值转给产品，它的作用只是形成使用价值，而非交换价值，一切未经人的协助就天然存在的生产资料，如土

---

① 马克思：《资本论》第3卷，人民出版社1975年版，第854—855页。

地、风、水、矿脉中的铁、原始森林的树木等，都是这样"①；马克思分析土地时认为，"土地作为天生的自然资源是不存在价值的，由此，处于自然状态下的水资源，是自然界赋予的天然产物，不是人类创造的劳动产品，因而也是没有价值的。"② 进一步而言，土地资本是对"已经变成生产资料的土地进行新的投资，也就是在不增加土地的物质即土地面积的情况下增加资本，同时，价值量的大小决定于它所耗费的社会必要劳动时间"③，"社会必要劳动时间是在现有社会正常条件下，在社会平均的劳动熟练程度和劳动强度下，制造某种使用价值所需的劳动时间"④，"社会必要劳动时间是分别用在各个特殊生产领域的份额的各个数量界限，不过是整个价值规律进一步发展表现，虽然必要劳动时间在这里包含另一种意义上的必要劳动时间，也就是说人类赋予水资源的劳动耗费量决定水资源的价值"⑤。"由于水资源的稀缺性，另一种意义上的社会必要劳动时间所实现的是'虚假的社会价值'，是由市场规律产生的"⑥。由此可以得出，已经过人类开发的水资源是由水资源物质和资本构成，由于水资源物质没有凝结人类劳动，因而是没有价值的，"没有价值的东西之所以在形式上可以具有价格，是由于其垄断性、稀少性和不可缺性"⑦。而"水资源资本的价值是通过第二种意义上的社会必要劳动时间实现的'虚假的社会价值'，因此，水资源物质的无价值和水资源资本的'虚假的社会价值'形成了自然资源价格的二元性，这是自然资源价值的真正内涵"⑧。上述分析表明，"水资源价格的存在并不在于是否有自然资源

---

① 马克思：《资本论》第 1 卷，人民出版社 1975 年版，第 230 页。
② 吕雁琴：《干旱区水资源资产化管理研究》，博士学位论文，新疆大学，2004 年。
③ 沈大军、王浩、梁瑞驹等：《水价理论与实践》，科学出版社 2001 年版，第 13—14 页。
④ 马克思：《资本论》第 1 卷，人民出版社 1975 年版，第 52 页。
⑤ 马克思：《资本论》第 3 卷，人民出版社 1975 年版，第 717 页。
⑥ 吕雁琴：《干旱区水资源资产化管理研究》，博士学位论文，新疆大学，2004 年。
⑦ 吕雁琴：《干旱区水资源资产化管理研究》，博士学位论文，新疆大学，2004 年。
⑧ 封志明、王勤学：《资源科学论纲》，地震出版社 1994 年版，第 46—52 页。

资本的进入，没有资本进入的水资源一样具有价格"①。

还有一种观点认为，"人类为了保持自然资源消耗速度与经济发展需求增长相均衡，投入了大量的人力物力，天然水资源等自然资源无不打上人类的烙印，如对天然水资源进行观测、管理、监测等，它们均含有人类劳动，因而具有价值"②。同样地，"在过去自然资源表现出极大的丰富，不需要人们付出具体劳动就自然存在，因而在这一特定的历史条件下自然资源是没有价值的，但随着人类发展，人类必须对自然资源的再生产投入劳动，于是整个现存的、有用的、稀缺的自然资源，不论过去是否投入了劳动、是否形成了劳动产品，其都表现为具有价值"③，水资源等"自然资源价值就是人们为使社会经济发展与自然资源再生产和生态环境保持良性平衡而付出的社会必要劳动时间，从生产、使用价值与价值补偿等角度看，水资源等自然资源不再是自然之物，它包含了人类劳动，具有价值"④。此种理论提出了再生产资源的价值观，是一种泛化的马克思劳动价值论。

综上，水资源价值理论总体认为，水资源在包含人的劳动的前提下，本身并没有价值，由此导致水资源被无偿使用和掠夺性开发，破坏了生态平衡；一部分观点认为，"尽管谈及水资源具有价值，但价值的补偿只是对所耗费的劳动进行补偿，没有实质性谈及水资源本身是否具有价值"⑤。因此，政治经济学水资源价值论应当作为水资源定价理论基础，运用劳动价值与剩余价值理论分析水资源价格是适用的，但不能完全解释水资源价值难题，现实中的水资源用水价格的确定取决于成本、供求、体制、政策等多种因素。

（二）地租理论

马克思提出："考察一下现代的土地所有权形式，对我们来说是

①　吕雁琴：《干旱区水资源资产化管理研究》，博士学位论文，新疆大学，2004 年。

②　蒲志仲：《自然资源价值浅探》，《价格理论与实践》1993 年第 4 期。

③　沈大军、梁瑞驹、王浩等：《水资源价值》，《水利学报》1998 年第 5 期。

④　钱阔、陈绍志：《自然资源资产化管理——可持续发展的理想选择》，经济管理出版社 1996 年版，第 63—66 页。

⑤　姜文来：《水资源价值论》，科学出版社 1999 年版，第 60—63 页。

必要的，因为这里的任务总的来说是考察资本投入农业而产生的一定的生产关系和交换关系，为了安全起见，必须指出，只要水流等等有一个所有者，是土地的附属物，我们也把它作为土地来理解。"① 因而，地租理论适用于水资源价格研究。地租是土地所有权在经济上借以实现即增殖价值的形式，马克思指出，"作为租地农场主的资本家，为了得到在这个特殊生产场所使用自己资本的许可，要在一定期限内（例如每年）按契约规定支付给土地所有者即他所开发的土地的所有者一个货币额（和货币资本的借入者要支付一定利息完全一样）。这个货币额，不管是为耕地、建筑地段、矿山、渔场还是为森林等等支付的，统称为地租。这个货币额，在土地所有者按契约把土地租借给租地农场主的整个时期内，都要进行支付。因此，在这里地租是土地所有权在经济上借以实现即增殖价值的形式"②。进一步而言，"在考察地租的表现形式，即为取得土地的使用权（无论是为生产的目的还是为消费的目的）而以地租名义支付给土地所有者的租金时，必须牢牢记住，那些本身没有任何价值，即不是劳动产品的东西（如土地），或者至少不能由劳动再生产的东西（如古董，某些名家的艺术品等等）的价格，可以由一些结合在一起的非常偶然的情况来决定。要出售一件东西，唯一的条件是，它可以被独占，并且可以让渡"③。

进一步而言，地租分为绝对地租和级差地租，"级差地租是等量资本投在面积相等的土地上具有不同的生产率所形成的、由个别价格和社会生产价格的差额所构成的超额利润转化而成的地租形式"④。土地的差异性和有限性是形成级差地租的基础，级差地租包含两种形式，即级差地租Ⅰ和级差地租Ⅱ。其中，级差地租Ⅰ是等量资本投在面积相等的不同地块上，具有不同生产率而形成的级差地租，土地的肥沃程度的差别和位置的差别是形成等量资本的不同生产率。级差地

---

① 马克思：《资本论》第 3 卷，人民出版社 1975 年版，第 695 页。
② 马克思：《资本论》第 3 卷，人民出版社 1975 年版，第 698 页。
③ 马克思：《资本论》第 3 卷，人民出版社 1975 年版，第 714 页。
④ 洪银兴：《〈资本论〉的现代解析》，经济科学出版社 2011 年版，第 479 页。

租Ⅱ是在同一块土地上连续投入等量资本产生不同的生产率形成的地租。由于农产品的生产价格由劣等地来调节，只要在同一块土地上连续投资所产生的生产率高于劣等地的生产率，所生产的农产品生产价格低于劣等地的生产价格，就可以产生级差地租Ⅱ。尽管有少数研究学者认为水资源价格应以级差地租定价①，但若按照级差地租理论确定水资源价格，会出现理论与现实相矛盾，基于此，水资源以所有权形成的绝对地租成为水资源地租理论的主要观点。

绝对地租是指由于土地私有权的存在，在任何土地（包括最坏的土地）上经营，都必须提供的地租。只要土地属于一定的所有者，在任何情况下租种任何土地，都要向土地所有者缴纳地租，否则，土地就不可能投入耕种。这样一来，劣等地生产的农产品就必须按照高于社会生产价格的价格出卖了。只有这样，投资劣等地的农业资本家才能在获得平均利润以后，还有一个超额利润作为绝对地租交给土地所有者。正如马克思指出，"如果最坏土地 A——虽然它的耕种会提供生产价格——不提供一个超过生产价格的余额，即地租，就不可能被耕种，那么，土地所有权就是引起这个价格上涨的原因。土地所有权本身已经产生地租"②。绝对地租是农产品价值超过生产价格的余额所决定的，这时因为"农业资本所生产的商品的价值高于它们的生产价格，所以，这个地租（除了我们立即就要研究的一种情形外）就是价值超过生产价格而形成的余额或这个余额中的一部分"③。绝对地租的数量是由供求状况和新耕种的土地面积的大小决定的，马克思指出，"地租究竟是等于价值和生产价格之间的全部差额，还是仅仅等于这个差额的一个或大或小的部分，这完全取决于供求状况和新耕种的土地面积。只要地租不等于农产品的价值超过它们的生产价格的余额，这个余额的一部分总会加到所有剩余价值在各单个资本之间的一般平均化和按比例的分配中去。一旦地租等于价值超过生产价格的余额，这个超过平均利润的全部

---

①　张志乐：《论以劣等资源条件决定商品水价格》，《水利经济》1986 年第 3 期。
②　马克思：《资本论》第 3 卷，人民出版社 1975 年版，第 851 页。
③　马克思：《资本论》第 3 卷，人民出版社 1975 年版，第 859 页。

剩余价值，就会被排出这个平均化"①。

具体而言，水资源所有权表现为水资源因内含生产性、不可替代性和稀缺性等特征而形成的水资源垄断性，"为实现水资源合理利用，并在市场经济下满足水资源所有权的经济属性，必须对水资源的使用者收取一定费用，这种凭借水资源所有权获取的经济补偿正是水资源的绝对地租"②。这表明，地租是租用或购买土地使用权而非所有权；因而我们可以认为"地租"是水资源体现其使用权的价格表现。由此，"水资源价格是为了使用水资源本身而支付的，在水资源价格背后隐藏着一种现实的经济关系，它的产生与水资源变得日益稀缺有着密切的关系，但最根本的是所有权的实现，稀缺与所有权的实现是水资源形成资产的必要条件"③。

关于水资源价格，马克思指出，"地租表现为土地所有者出租一块土地而每年得到一定的货币额，地租表现为任何一定的货币收入都可以资本化，也就是说，都可以看作一个想象资本的利息"④。马克思认为，"资本化的地租，从而正是这个资本化的贡赋，表现为土地价格，因此，土地也象任何其它交易品一样可以出售"⑤。因此，通过上述分析可以得出，水资源价格是其资本化的货币表现，体现着水资源使用权的让渡，按照地租理论的理解，水资源价格应该是"水权租金"与利息率的比值，进一步分析，水资源价格可以通过降低利息率而提高，也可以因"水权租金"提高而提高，地租可以通过增加产品价格而进一步提高。综上，农业用水价格同属水资源价格范畴，与其他商品价格有着本质的区别，一般商品价格是内在价值的货币表现，价格围绕价值上下波动。因而，没有人类劳动参与，就没有价值形成的基础。然而，农业水资源价格则是水权的资本化，不仅是资源产权在经济上的权属表现，

① 马克思：《资本论》第3卷，人民出版社1975年版，第859页。
② 姜文来：《水资源价值论》，科学出版社1999年版，第72—73页。
③ 马克思：《资本论》第3卷，人民出版社1975年版，第874页。
④ 马克思：《资本论》第3卷，人民出版社1975年版，第704页。
⑤ 马克思：《资本论》第3卷，人民出版社1975年版，第874页。

还在于农业水资源数的有限性和稀缺性，"它不受凝结着一般的无差别的人类劳动的限制，体现了另一种经济关系形式"①。

（三）其他价格理论

1. 边际效用价值论

从经济学语言来说，"效用是消费者从一个市场篮子中得到的满足程度，是指商品满足人的欲望的能力评价，效用价值论是从物品满足人的欲望能力或人对物品效用的主观心理评价角度来解释价值及其形成过程的经济理论"②。"19世纪50年代之前，效用价值论主要表现为基数效用价值论，19世纪70年代之后，主要表现为边际效用价值论。"③ 其中，"边际效用是指不断增加某一消费品所取得的一系列递减的效用中最后一个单位所带来的效用"④。边际效用价值论具体表现为，效用决定价值，由于效用来源于稀缺性，而效用又是价值的必要前提，因此效用和稀缺性共同决定价值，商品的稀缺性决定着不是所有人的需求都能得到满足，从而是商品产生了价值。⑤ 价值的大小取决于边际效用，价值是一种主观意愿，是经济人对商品的主观认知。边际效用递减规律表明，随着每增加一单位商品的消费，商品带给消费者的单位效用逐渐降低，当且仅当消费者实现了花费在所有商品上的边际效用相等时，才能使消费者的总效用达到最大化。此外，有多种用途的商品价值由其边际效用最大的用途决定。

"以资源稀缺性考察农业水资源价值的边际效用价值论，可以得出农业水资源是具有价值的，因为农业水资源是农业生产活动必要的生产资料，无疑对农业产业发展具有重大效用。"⑥ 此外，随着经济社会不

---

① 李永根：《天然水资源价值理论及其实用计算方法》，《水利经济》2003年第5期。
② 姜文来：《水资源价值论》，科学出版社1999年版，第56页。
③ 李卫忠：《公益林效益评价指标体系与评价方法的研究》，硕士学位论文，北京林业大学，2003年。
④ 罗伯特·S.平狄克、丹尼尔·L.鲁宾费尔德：《微观经济学》，高远等译，中国人民大学出版社2009年版，第89—90页。
⑤ 马歇尔：《经济学原理》，北京联合出版公司2015年版，第23—25页。
⑥ 李友生：《农业水资源可持续利用的经济学分析》，博士学位论文，南京农业大学，2004年。

断发展，农业水资源短缺已成为不争的事实，农业水资源既稀缺又有用，是具有价值的。然而，"若将边际效用价值论应用于农业水资源价值的分析，由于边际效用递减规律，没有开发利用的水资源和人类没有涉足的农业水资源的边际效用是零，也即没有价值"①。

2. 均衡价格论

价值由"边际效用"和"生产费用"共同决定，均衡价格论通过边际效用解释需求变动规律，用生产费用说明供给变动规律，把边际效用理论和生产费用理论相结合，综合解释商品的均衡价格。均衡价格理论是"以单个生产或消费者为分析对象，不考虑同其他生产者或消费者之间的相互影响，因此称之为'局部均衡'理论"②。需求理论层面，提出了边际需求递减规律和市场需求规律，通过边际效用递减得出市场需求价格递减规律，即需求数量随着价格的降低而提高，反之，随着价格的提高而降低。供给理论层面，商品供给价格是以生产成本为依据，生产成本是指商品生产过程为消耗劳动和资本所支付的货币资金。将需求理论和供给理论结合得出商品的一般规律，即需求随价格的提高而降低，供给随价格的提高而增加，反之亦然。综上，商品的均衡价格就是一种商品需求价格与供给价格相一致时的价格，或供给与需求的价格在市场上达到均衡状态时的价格。农业水资源均衡价格即为农业用水需求方的边际需求价格与供给方基于生产成本的供给价格的一致价格，然而，现实情况是当前农业水资源价格普遍偏低，仅能覆盖部分生产成本，无法满足供给方的日常维护成本，农业水资源价格是非市场机制下形成的价格。

3. 水资源产权理论

产权是与物品和劳务相关的一系列权利，商品或劳动的价值由产权价值决定，交易发生表明两组产权发生了交换，尽管其中一组产权常依附于一项商品或劳务，而另一组产权常以货币形式表现③，总体

---

① 沈大军、梁瑞驹、王浩等：《水资源价值》，《水利学报》1998 年第 5 期。

② 陈祖海：《水资源价格问题研究》，博士学位论文，华中农业大学，2001 年。

③ 罗纳德·H. 科斯：《企业、市场与法律》，盛洪等译，格致出版社 2014 年版，第 37 页。

上，产权制度是基于稀缺性界定经济人交易地位的经济和社会关系。因此，"商品和劳务买卖的核心是产权转让，产权是交易的基本先决条件，资源配置、经济效率和外部性问题都与产权密切相关"①。科斯定理指出，如果交易费用为零或很小，那么资源最佳配置同产权初始界定无关，从资源配置角度看，产权包括所有权、使用权、收益权、转让权及处置权等一组权利束。具体而言，所有权是资源归谁所有，使用权决定是否使用资源、何时以何种方式使用资源的权利，收益性是通过资源转让获取收益，转让权就是处置资源的权利。理论认为，"产权初始界定需要法律予以明确，产权体现了所有者对其拥有资源的一种权利"②。我国《宪法》明确规定，水流等自然资源归国家所有，禁止任何组织或个人以任何形式非法侵占或破坏自然资源。《中华人民共和国水法》规定，水资源属于国家所有，农业集体经济组织范围内的水塘、水库中的水属集体所有。

以上表明，"我国水资源归国家或集体所有，任何单位和个人开发利用水资源需要向水资源所有者支付相应费用，水资源价格实质上是水资源使用权的转让"③。自然资源在消费过程中容易产生外部性影响，"所谓外部性影响是指某一经济单位的经济活动对其他经济单位所施加的非市场性影响"④。当个人行为产生的私人收益小于社会总收益时，就产生了"正外部性"，而当这种收益没有获得补偿或补偿较小时，就会减少经济人从事这一行为活动，从而引起社会总收益的降低。通常来说，公共品和公共资源因具有非排他性或非竞争性，容易出现外部性问题。农业灌溉用水不仅作为农业生产资料的供给，还兼具防洪排水、抗旱保墒等多种功能，后者往往通过非市场表现出来，造成农业灌溉用水产生显著的正外部性。研究正外部性内部化有

① 王济干：《水价构成要素分析与系统设计》，《水利水电技术》2003 年第 3 期。
② 沈大军、梁瑞驹、王浩等：《水资源价值》，《水利学报》1998 年第 5 期。
③ 吕雁琴：《干旱区水资源资产化管理研究》，博士学位论文，新疆大学，2004 年。
④ 秦长海：《水资源定价理论与方法研究》，博士学位论文，中国水利水电科学研究院，2013 年。

利于农业灌溉用水的可持续发展，该理论认为，正外部性问题需要政策的相应支持，政府通过建立有效的补贴机制，对用水户进行补贴以有效促进其从事农业生产活动。

4. 公共定价理论

国外学者对于公共事业定价问题的研究起步较早，早在 1844 年，法国杜普伊就在题为《关于公共工程效用的度量》的文章中，论述了只有当企业价格等于其边际成本时才能达到帕累托最优状态，最早提出了以边际成本定价理论[①]，认为边际成本定价是公共物品定价的最佳选择，边际成本定价是达到帕累托最优状态的必要条件，主张通过所得税、地价税等税收来支付企业的固定成本。但是，由于这种方法可能会给企业带来不适当的成本管理激励，而且征税可能会导致资源的不合理配置，所以边际成本定价法受到了科斯等人的批评。

平均成本定价法是由瑞典经济学家林达尔在《公平税收》中运用了全新的定价方法，构建了一个区别于私人物品均衡的公共物品均衡模型，后被称为"林达尔均衡"[②]。该理论认为公共物品的定价应该取决于消费者的需求弹性，即以每个消费者对于公共物品的评价，来分别确定公共物品的不同价格，但萨缪尔森（1965）认为按照林达尔均衡求解所生产的公共物品的供给水平将远远低于社会最优水平。[③] 拉姆齐（1927）在关于最优税制的经典论文《对税收理论的一点贡献》中，利用弹性分析建立了拉姆齐定价模型，这一模型在资源配置效率损失最小的条件下，求解使得厂商达到盈亏平衡的均衡价格，从而取得社会福利最大化的结果。[④] 两部定价法由美国著名经济学家克拉克（1971）在其《公共物品的多部定价》一文中首次提出，按照两部定价法，可以让消费者支付固定费用和可变费用两部分成本，引导消费者显示其真实偏

① 《传统最优价格规制》，2012 年 9 月 15 日，https：//wenku. baidu. com/view/5f94090516fc700abb68fcb3. html。

② 梅锦萍：《公共产品：一个概念的再审视》，《市场周刊》2016 年第 11 期。

③ 梅锦萍：《公共产品：一个概念的再审视》，《市场周刊》2016 年第 11 期。

④ 《拉姆齐法则》，https：//baike. baidu. com/item/拉姆齐法则/10431237？fr = aladdin。

好，避免了"搭便车"行为。① 20 世纪 80 年代，为了满足英国政府制定科学的公用事业垄断价格的需要，李特查尔德制定了价格管制模型，即最高限价模型，该模型将公共事业价格与通货膨胀以及企业的生产效率联系起来，既保证了公平，也达到了促进企业提高效率的目的。诺曼针对排他性准公共物品的有效供给问题展开了更广泛的研究，主张采用收取定额准入费的机制，并证明了在特定条件下，采取三级价格歧视和平均成本定价方法均有一定的合理性。②

理论上，两部定价法可以看作固定成本平均定价法和可变成本边际定价法的结合，现实运行中，两部定价常常与阶梯价格相混淆，但阶梯价格实际上属于区别定价、歧视定价。歧视定价是具有垄断特征的生产者常用的定价策略，具有垄断特征的需求曲线向下倾斜，歧视定价策略是扩大生产的必然选择，可见，公共定价三种方法的共同缺陷是均以厂商成本为基础，定价模型本身不包含消费者福利方面的约束条件，所以按照国际惯例，凡涉及公共定价，听证会等程序设计成为必不可少的配套措施。基于此，农业用水作为公共资源，资源价格对农业水资源合理配置起到重要的调节作用，合理有效的农业用水价格，应体现出农业水资源的公共品属性，农业用水应当获取经济效益，农业水资源定价应当注重建立价格约束机制，激励供水企业提高服务质量和效率，又要兼顾用水户特别是传统农户的价格支付能力。

二　政治经济学价格机制理论

政治经济学理论认为，价格机制包含价格形成机制和价格调节机制。进一步而言，价格形成机制表现在经济事物内在功能和自身的运动原理，即价格与社会经济的构成要素、价格构成要素之间如何相互作用以及这种相互作用产生的结果如何，"价格形成机制有计划形成

---

① 马永平：《公共物品定价模式研究》，《经济研究导刊》2009 年第 6 期。
② 马永平：《公共物品定价模式研究》，《经济研究导刊》2009 年第 6 期。

价格机制和市场形成价格机制"①；"价格运行机制是商品和服务的价格在市场上运行时对国民经济所发生的调节作用，市场价格在波动中调节着消费的数量和消费的结构"②；价格调节（调控）机制是指价格形成之后如何与经济社会变动发生关系；总体而言，价格机制反映的是价格决定因素和价格作用规律。

条件：价格机制的基础问题

社会主义市场经济条件下，市场有充分发挥作用的空间，价值规律能够通过价格机制发挥积极作用，国家与企业的关系、计划与市场的关系是研究价格机制的基本前提。社会主义市场经济具有明确的财产所有权属③，国家、企业、个人对社会生产资料的占有，都明确地落实到财产归属关系层面，国家与企业之间的财产所有与支配关系较为明确，并将相应的利益分配关系固定下来，财产与收益、经营与收益具有稳定的对应关系，企业和经营者都具有内在动力。同时，企业是一个独立的经济主体，它不依附于行政机构，其生产行为主要受制于市场竞争和法律法规，在企业独立生产经营过程中，不存在日常生产经营的行政指令。此外，政府除了经营财产以外，还有独立的宏观经济调节、平衡职能，除了特殊部门与特殊情况外，国家的计划及各种行政措施对企业的具体经营业务及市场活动不直接干预，只是通过财政、信贷、货币发行及其他间接作用的经济杠杆对国民经济加以调节。

目标：价格机制的综合最优效益

在价格机制确定之后，其经济效益最优化的运行目标也相应确定下来。经济体制是社会经济活动具体组织形式，它具有社会、经济等多重目标，既要考虑经济效益增长，又要兼顾地区均衡发展和生态环

---

① 周春、蒋和胜：《市场价格机制与生产价格要素研究》，四川大学出版社 2006 年版，第 23 页。

② 周春、蒋和胜：《市场价格机制与生产价格要素研究》，四川大学出版社 2006 年版，第 23 页。

③ 蒋家俊、李慧中：《社会主义价格理论与实践》，四川人民出版社 1991 年版，第 37 页。

境保护，多目标间具有互相制约关系，作为社会体制的综合功能。价格机制作为价值规律的具体实现形式，以综合最优效益为目标。这种效益，从微观角度讲，是追求经济效益最优化；从宏观角度讲，是追求国家综合效益最优化。当政府把价格作为经济杠杆时，价格就与供求的变动、产业结构的平衡、企业经济效益的高低结合起来了。

途径：价格均衡与调节补充

经济系统的稳定运行要求内在原则的一致性、稳定性。宏观经济系统与微观经济系统具有不同的运行原则，从微观经济系统来看，它的运行目标是追求最优经济效益，利润是其核心指标，通过利润引导企业生产经营、决定企业产量，这一运行准则与系统内部的组织结构、运行目标相一致。从宏观系统看，其运行目标是经济平衡发展与现有资源的充分利用，涉及多部门协调、国民收入分配及使用平衡，经济的长期增长与区域协调发展，这些目标仅仅依据市场机制是很难实现的，因此需要政府利用行政和经济手段给予调节。

方式：政府与市场两种手段

在社会主义市场经济中，价格机制主要由市场关系决定，市场价格趋于均衡，具体表现出：一是价格机制的运行以竞争约束为前提，一般而言，绝大部分产品生产具有竞争性，市场价格水平受到需求的数量与成本高低的影响，而企业产量的多少、产品结构、生产技术的选择都依据既定价格水平下的利润率而定，各企业面临着一个竞争性的市场环境，价格结构和价格水平具有客观性。二是价格调节机制具有非强制性约束，在价格形成基础上，当市场机制运行与其目标发生偏离时，政府可利用价格调节机制引导市场规范运行。三是市场价格的均衡过程是生产者和消费者选择最优化的过程，生产者和消费者双方通过不断的选择、调整达到均衡的过程，也就是市场本身达到均衡的过程，从动态过程看，价格机制不断刺激生产者、消费者追求最优化。此外，除了具备竞争属性的商品外，还存在大量的技术、资源和产品具有垄断性、公益性和福利性，在这些领域，市场机制作用有限，需要借助政府调节加以补充，具体表现为公共事业行业实行政府定价，在政府定价的行业内，企业经营决策面临着一个价格外生环境，企业实行收益最大化不是产量与价格两个变量的选择，但在资源稀缺、实际需求量很大时，政府定价要考虑资源的稀缺性和可持续发展利用问题。

基于上述分析，政治经济学视域下的农业用水价格机制表现为农业用水价格决策主体、定价主体，农业用水价格形成的方式和途径，农业用水价格调节的对象、目标和措施，这些方面共同形成一个完善的、健全的农业用水价格机制。农业用水价格机制，是市场经济条件下，准公共产品的资源定价和调节问题，主要体现农业用水市场中各类主体对用水价格的定价权利以及调节能力。总体上，农业用水实行政府定价，农业用水价格受市场影响波动的情况较少，同时结合实践情况及研究内容，本书认为，农业用水价格机制指的是农业用水价格形成及调节的主要方式，主要表现为农业用水价格形成机制和价格调节机制。

政治经济学理论认为，农业用水价格形成机制具体包含分级定价、分类定价和分档定价机制。其中，分级定价机制，大中型灌区骨干水利工程供水价格实行政府定价，末级渠系及小型灌区水利工程供水价格既可实行政府指导价，也可实行协商定价，具体由地方相关水价管理部门确定。分类定价机制，以农业水费支出占亩均农作物产值的一定比例作为水价制定的上限标准，同时按照作物类别划分水价标准，种植结构大致可分为粮食作物、经济作物等不同类型，灌溉定额采用亩均产值、亩成本、亩均纯收益和复种指数综合确定，各种作物的成本、收入经过入户调查，结合省市水务部门相关数据综合确定，粮食作物宜实行成本最低水价，经济作物可实行较高水价，执行水价或亩均水费制定均应在用水户承受范围之内。同时，积极实行"价补分离"，保障水价合理提高的基础上，通过精准补贴转移到户，总体上不增加农民用水负担。分档定价机制，在供水成本测算的基础上，供水价格按照"补偿成本、合理收益、公平负担、促进节水"实行分档定价，在充分考虑用水户承受能力的前提下，粮食作物按基准成本水价执行，经济作物用水价格按合理收益水价执行。同时实行超定额累进加价制度，农业灌溉用水超定额的实行累进加价，低于用水定额的实行节水奖励。水费计收方式上，力争实施计量计收方式，确保安装终端计量设施的区域逐步实行按量收费。

政治经济学理论认为，农业用水价格调节机制主要包含农业用水价格补贴机制和农业节水奖励机制。其中，农业用水价格补贴机制是根据各地方实际情况，专项安排农田水利部分项目资金用于区域农业用水价格精准补贴，"中央财政加大补贴投入，重点向农业水价综合改革积极性高、节水成效显著的地区倾斜"①。补贴奖励对象应当是供水单位和用水户，对于提高农业用水价格的农户通过补贴价差的方式实现农民总体负担不增加，对于管护投入多的供水单位也可给予相应补贴。农业节水奖励机制是指实行低于灌溉用水定额的节约水量（灌溉用水定额减去实际用水量）给予不低于执行水价标准的节水奖励。农业节水奖励对象是通过采取高效节水灌溉技术和措施等实现节水的农业用水户，包括新型经营主体、农民用水合作组织及传统农民。同时，为保障我国粮食安全，对种粮用水户节约水量，按照高于执行水价标准给予节水奖励；对于非种粮用水户，节约水量按照不低于执行水价标准的奖励标准给予节水奖励。

第三节　本章小结

本章阐释了相关核心概念，以政治经济学价格理论、价格机制理论为指导，合理借鉴经济学其他价格理论，提出农业用水价格的理论分析渊源，奠定了农业用水价格的学理性研究和理论研究。

首先，本章提出水资源价值与价格、农业用水价格、价格机制及农业水价综合改革等相关概念，深入辨析不同概念，加深了特定含义

---

① 国家发展和改革委员会：《国家发展改革委关于全面深化价格机制改革的意见》，2017 年 11 月 8 日。

的理解力和分析力。

其次，本章阐释了政治经济学及其他价格理论研究。政治经济学价格理论包含水资源价值论和地租理论，政治经济学水资源价值论应当作为水资源定价理论基础，运用劳动价值与剩余价值理论分析水资源价格是适用的；地租理论则认为水资源价格是水权的资金化，不仅是资源产权在经济上的权属表现，还在于农业水资源数的有限性和稀缺性。进一步而言，其他价格理论包含边际效用价值论、均衡价格论、水资源产权理论、水资源外部性理论以及公共定价理论。

最后，政治经济学价格机制理论论述了价格机制在社会主义市场经济下的价格机制的条件、目标、途径及方式；农业用水价格机制是市场经济条件下，准公共产品的资源定价和调节问题，主要体现农业用水市场中各类主体对用水价格的定价权利以及调节能力。总体上，农业用水实行政府定价，价格机制包含农业用水价格形成机制和价格调节机制。其中，农业用水价格形成机制包含分级定价、分类定价和分档定价机制；农业用水价格调节机制则包含农业用水价格补贴机制和农业节水奖励机制。

第三章 农业用水价格机制的
学理建构

本章重点分析农业用水价格的影响维度，阐释政治经济学理论下，农业用水价格形成机制以及农业用水价格调节机制的构成机理，构建了农业用水价格机制的政治经济学分析框架，通过相关基本问题的理论阐释，为明晰优化农业用水价格机制的正确方向和思路选择奠定理论支撑。总体上，政治经济学视域下的农业用水价格应当基于市场及政府影响维度，形成"成本导向、支付可行、补贴精准、节水激励"四位一体、科学合理的农业用水价格机制构成机理，以灌区成本经营为基础，以用水户承载力为前提，以调节供求均衡为手段，以农业可持续发展为目标，农业用水价格机制应兼顾灌区、用水户、政府三方主体利益，通过合理的利益均衡，推动实现"灌区可运营、用水户可利用、水资源可持续"。

第一节 农业用水价格的影响维度

政治经济学认为，对于农业用水价格的影响维度，应当从市场和政府维度加以分析。其中，市场维度下，供给与需求维度是关键方面，"如果需求减少，因而市场价格降低，如果需求增加，因而市场价格高于市场价值，需求按照和价格相反的方向变动，如果价格跌落，需求就增加，相反价格提高，需求就减少"①，因此，供给维度下，分析供水工程成本对农业用水价格具有重要作用，只有在农业用水价格满足供水成本前提下，才能保障农业水资源的有效配置；需求维度下，分析用水户承载力支付能力，依托农业用水合作组织等社会组织，研究农业用水价格是否符合用水户实际支付能力以及心理支付意愿，所以，市场维度对农业用水形成价格具有重要影响。同时，政府维度下，农业用水具有正外部性，农业供水具有垄断性，市场定价会降低农业用水资源合理配置效率，为纠正市场失灵，农业用水总体实行政府定价，而在实现农业用水的供求平衡、促进农业可持续发展及保护生态环境等目标下，分析政府维度对农业用水价格影响同样重要。

一 市场维度：农业用水供给成本与需求支付

（一）供给维度：供水工程成本

供给维度下的农业用水价格需要考虑供水工程成本。影响农业用水价格的供水工程成本包括农田水利工程投资建设成本、维护管理成本以及设备更新成本等，前两者通过供水成本影响供水价格，供水成本是水价核定的前提条件，因而供水成本对农业用水价格具有重要影响。此外，现有农田水利工程状况的好坏，通过影响运行维护费以及用水户心理支付意愿来影响农业用水价格，供水工程的好坏、日常维护费用、供水保证率以及供水服务质量都是影响农业用水价格的重要因素。此外，农业水资源丰缺程度也是影响农业供水工程成本的重要因素，在农业水资源丰沛和短缺地区，农业用水的供求关系不同，用水价格存在差别。农业水资源出现短缺时，使用农业用水会增加机会成本，因此农业用水价格中要体现其稀缺程度，农业用水的稀缺性与所有权共同作用，将农业水资源转化为资产，使得农业水资源的稀缺价值通过让渡农业用水权属的经济关系得以体现，只要农业用水是稀

---

① 马克思：《资本论》第 3 卷，人民出版社 1975 年版，第 213 页。

缺的,用水价格中就要有水资源成本,它是农业用水户为获得农业用水使用权需要支付给资产所有者的补偿价格,是维持农业用水持续供给的保障。农业水资源稀缺具体表现在不同地区、不同季节农业用水的丰缺不同,也正因如此,水资源成本需要根据各地区或各流域农业用水供求关系相应确定。需要指出的是,我国农业水资源所有者为国家或集体,供水企业若收取水资源成本,则是依据国家或集体授予的对水资源占有的垄断利润,而非通过市场竞争获得的垄断利润,因此,若征收水资源成本,应当全部用于国家或集体农田水利建设。

(二)需求维度:用水户承载力支付

用水户承载力分为实际支付能力和心理支付意愿。一方面,实际支付能力更多体现在农业经济发展水平上,一个地区的农业经济发展水平是通过影响用水户实际支付能力来影响该地区农业用水价格总水平的。农业产业的产值收益不同,对农业用水配置会产生不同影响,一般而言,经济作物和设施作物的产值效益比粮食作物产值效益高,因而用水户对用水价格的实际承受能力也较高。为有效促进农业节水,对农业经济发展水平高或农业产值收益高的地区和作物,相应提高其用水价格,会更有利于农业水资源优化配置,促进农业可持续发展。另一方面,用水户心理支付意愿也是影响农业用水价格的重要因素,当现行农业用水价格显著高于用水户心理支付参照点时,用水户会降低用水消费行为,而心理支付参照点不仅受用水价格影响,还与农业补贴政策、作物种植结构、水利设施状况、农村社会治理等方面密切相关。需要指出的是,我国农业用水由于区域经济状况不同表现出农业用水户承载力差别,其价格表现差距较大,政府出于社会安定、经济协调、农业可持续发展等方面考虑,必须保证农业用水户都有能力和意愿购买到自己所需的农业用水,政府需对农业用水进行价格管制,通过建立农业用水价格调节机制满足不同用水户的合理用水需求。

二　政府维度:农业用水的政府定价

政府政策调控对农业用水价格具有显著影响,政府应以服务国家农业水资源供求均衡和农业可持续发展为目标。农业用水具有正外部性，农业供水具有垄断性，农业用水如果完全按照市场定价，则会降低农业用水资源合理配置效率。为了纠正市场失灵，农业用水应当实行政府定价。为防止农业供水企业制定垄断价格，从而减少农业用水供给，政府定价应认真审核农业供水企业的成本结构，确保用水户正常用水需求得以实现；同时调节用水户需求意愿和需求结构，促进农业水资源节约利用。具有正外部性的农业用水需求量通常低于帕累托最优的农业用水量，因此，政府定价可以适当降低农业用水价格，刺激用水户提高用水需求，增加用水意愿，通过供给方的成本监审和需求方的有效提升达到农业水资源供求均衡。此外，农业供水工程投资建设过程中可能会破坏生态环境，不利于农业可持续发展，农业节水和生态环境保护目标下应当将环境补偿及排污费用纳入农业用水价格当中，如地下水超采，导致地下缺水造成地面沉降；此外，农业废水直接排入河流湖泊，污染水体，这些行为都是对生态环境的破坏。农业用水造成的环境污染以及污水处理的费用应当纳入用水价格成本核算之中，体现出供水工程的环境补偿。

"从本质上看，价格机制分为计划价格机制和市场价格机制，计划价格机制是指政府以指令性计划的形式，制定和调整价格的内在机理及其影响经济运转的功能，市场价格机制是在统一开放的市场体系和公平公开的市场竞争下形成，市场价格反映商品价值规律和交换规律。"[①] 总体上，我国现行社会主义市场经济体制要求的价格机制是以市场机制为主，绝大多数能够进入竞争性市场的商品、劳务和要素价格的形成由市场决定，价格形成的形式是市场定价。同时，对于不宜进入竞争性市场的少数自然垄断性商品、重要的公共产品和服务价格采用政府定价；对于市场机制无法单独有效调节公共部门提供的具有福利性质产品的价格，如水电气等公共资源商品以及文化、教育、

① 周春、蒋和胜：《市场价格机制与生产要素价格研究》，四川大学出版社 2006 年版，第 23 页。

卫生、医疗等公共服务商品，因其公共性、福利性、垄断性的商品属性，实行政府定价。一般而言，政府定价分为政府指令性价格和政府指导性价格，前者是由政府制定、企业个人必须执行的价格，是严格意义上的政府定价；而政府指导性价格是政府价格主管部门或其他相关部门按照定价权限和范围，通过规定基准价和浮动价，明确定价原则和标准，指导经营者合理制定价格。

（一）农业用水的正外部性需要政府定价

当灌溉用水户通过非价格手段，不可避免地增加社会总福利，农业用水对用水户而言就存在正的外部性。农业用水不仅可以使用水户进行农业生产、增加农业产值，而且可以维持水土涵养和土壤肥力，保护生态环境平衡等。农业用水具有正外部性，这意味着农业用水给整个社会带来的福利高于给用水户自身带来的福利。农业用水的社会总收益大于个人收益，如图 3 - 1 所示，D 表示农业用水社会边际收益曲线，d 表示用水户个人收益曲线，S 表示农业供水边际成本曲线，其中，供给与社会边际收益相交于 E_1 点，对应农业供水量 Q_1，供给与个人收益相交于 E_2 点，对应农业供水量为 Q_2。

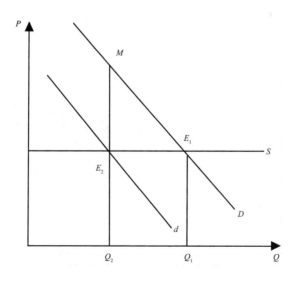

图 3 - 1　农业用水最优数量

首先，农业用水的正外部性存在于市场运行以外，也就是说，农业用水外部性的影响无法通过市场机制产生作用，外部性不是用水户个人的决策行为，用水户在决定是否使用农业用水时是不考虑其具有正外部性的，然而，当农业用水外部效益无法获得补偿时，农业用水需求量便会降低，因此，个人收益的农业用水均衡量 Q_2 小于社会收益的用水均衡量 Q_1。其次，农业用水的正外部性虽然排除在市场以外，但其维护生态平衡的社会福利长期存在，若农业用水完全按照市场定价，就会造成社会福利的损失，即上图面积为 ME_1E_2 的区域，市场定价不利于农业用水社会总效用的提升。综上，农业用水存在正外部性，无法通过市场机制实现农业水资源的帕累托最优。

（二）农业用水的垄断性需要政府定价

农业供水在水市场上具有垄断性，水价不能真实反映农业用水的价值规律，在我国，农业用水仍是稀缺资源，农业灌溉水利工程因投资成本高、建设时期长，具有较强的行业进入壁垒，自然降水量一定的情况下，农业灌溉用水缺乏替代品，由此造成农业灌溉用水的需求价格弹性较低，整体上表现出农业用水在水市场上具有较强的垄断性。农业供水具有范围经济，即在一定区域内，由一个供水主体提供供水的单位成本小于多个供给主体联合供水形成的单位成本；农业供水的范围经济可促进农业供水服务的专业化和标准化，从而巩固农业供水主体的垄断性。

设 n 个供给主体分别提供农业用水量 q_i（$i = 1, 2, \cdots, n$），由一个供给主体提供的总供水量则为 $q = \sum_1^n q_i$，因为农业用水存在范围经济，所以平均成本递减，即 $\dfrac{C(q_i)}{q_i} > \dfrac{C(q)}{q}$，对两边同时求和可以得到，$\sum_1^n C(q_i) > \sum_1^n \dfrac{C(q)}{q} \times q_i$，$\sum_1^n C(q_i) > C(q)$。

以上可以证明，单一供水主体成本比多个供水主体在相同水量供给条件下的成本更小，所以供水主体更倾向于单个主体，而处于唯一的供给主体可以找到一种价格—供给组合，阻止潜在供水企业的进入，进而巩固其垄断地位。

如果农业水费按照市场定价，具有垄断势力的供给企业会追求自身利润最大化，此时按照边际收益曲线低于需求曲线之下的均衡条件，社会总供给量将会小于需求量。如图 3 - 2 所示，D 表示农业用水需求曲线，MC 为供水企业边际成本曲线，MR 为供水企业边际收益曲线，基于福利最大化，供水企业提供的农业用水量应由 D 与 MC 的交点决定，也就是说，农业供水量为 Q_1 时，社会福利最大，供水量为均衡供给量。但是处于垄断地位的供水企业为追求自身利益最大化，会按照由 MR 与 MC 交点所确定的 Q_2 提供水商品，造成了面积为 MAB 的社会福利损失。

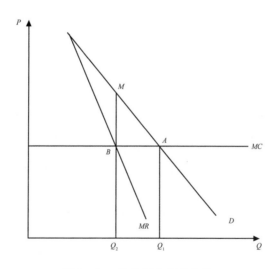

图 3 - 2　农业用水最优定价

综上所述，农业用水具有正外部性，农业供水企业具有垄断性，农业用水如果完全按照市场定价，则会降低农业用水资源合理配置效率，为了纠正市场失灵，农业用水应当实行政府定价。我国《中华人民共和国价格法》规定，政府定价应遵循成本定价，价格标准充分兼顾市场供求状况、国民经济与社会发展要求以及需求主体的支付能力，建立合理差价体系，保持相关商品之间适当的比例关系，遵循市场价格规律，政府定价应当反映市场价格规律，坚持以价值为基础、以供求为导向的定价原则；同时，充分发挥价格调节功能，调节市场供求，调整商品结构和引导资本流向。此外，政府定价应维护相关利益主体诉求，既要维护国家整体经济发展长远利益，又要维护投资者和生产经营者利益，还要兼顾消费者承受能力。政府定价应遵循如下程序：首先，收集有关商品和服务的成本、利润及税率资料；其次，对收集到的资料进行整理分析，剔除不应计入成本的因素，补充尚未计入成本的部分，计算商品理论价格；再次，根据商品短期和中长期供求与成本变动的趋势以及国家有关政策法规的规定，对理论价格进行修正，形成具体价格；最后，对一些极为重要的公用事业、公益性服务业、自然垄断经营部门等提供的商品和服务，应当召开价格听证会，论证定价水平和调节价格的标准及合理区间。

根据《关于推进农业水价综合改革的意见》的相关要求，"农业用水价格按照价格管理权限实行分级管理，大中型灌区骨干工程农业用水价格原则上实行政府定价，具备条件的可由供需双方在平等自愿的基础上，按照有利于促进节水、保障工程良性运行和农业生产发展的原则协商定价；大中型灌区末级渠系和小型灌区农业用水价格，可实行政府定价，也可实行协商定价，具体方式因地制宜"①。

第二节　农业用水价格形成机制的构成机理

政治经济学理论下的农业用水价格形成机制的构成机理包含农业用水价格形成基础、农业用水价格的政府定价、农业用水价格测算办法、农业用水价格形成的理论模型、"成本导向"和"支付可行"视角下的农业用水价格形成机制等内容。其中农业用水价格形成的内在逻辑是由使用价值和物质性效用决定的，外在逻辑主要在于农业用水

---

① 中华人民共和国中央人民政府：《国务院办公厅关于推进农业水价综合改革的意见》，2016 年 1 月 29 日，http：//www. gov. cn/zhengce/content/2016 – 01/29/content_5037340. htm。

的稀缺性、垄断性及不可缺性。研究表明，农业用水应当采用政府定价，同时农业用水形成价格需要满足供给主体的成本经营效益以及用水户承载力支付水平，形成"成本导向、支付可行"的农业用水价格形成机制的构成机理。

一　农业用水价格形成基础

政治经济学理论下的农业用水价格的形成基础，包含价格形成的内在逻辑和外在逻辑，其中价格形成的内在逻辑是由其使用价值和物质性效用决定的，外在逻辑主要在于农业用水的稀缺性、垄断性及不可缺性。

价格形成机制是成本、费用、利润、税金等一系列相互联系、相互作用的因素构成的有机整体，在人的操作下，才成为合理决定价格的形成机制。农业用水价格形成基础的主要依据是自然资源具有形成经济资源的本质功能和属性。马克思曾指出，"土地（在经济学上也包括水）最初以食物，现成的生活资料供给人类，它未经人的协助，就作为人类劳动的一般的对象而存在，所有那些不通过劳动知识同土地脱离直接联系的东西，都是天然存在的劳动对象"[1]。从马克思对"土地"的论述引申可知，农业用水首先是天然存在的，是大自然的产物，它们以现成的形式满足人类进行农业生产的需要，天然具备向人类提供农业生产的属性和功能。也就是说，农业用水对人类和人类社会具有使用价值、物质效用的特性，人类劳动的投入与协助通过对农业用水的加工改造，使其具有使用价值，人类劳动仅仅是使农业用水内含着的使用价值、物质效用更加聚集突出和完善。由此，农业用水禀赋使用价值，即对农业生产发展具有物质效用，是农业用水形成或转化为经济资源的内在逻辑，也是赋予农业用水价格的首要依据。

然而，不是所有禀赋使用价值、物质性效用的自然资源都要赋予价格，比如太阳光、空气等，一方面，这是由于农业用水较上述自然

---

[1] 马克思：《资本论》，人民出版社 1975 年版，第 202—205 页。

资源还具有耗竭性，即有限性或稀缺性的特征。农业用水的稀缺性是人类在开发、利用水资源的过程中表现出来的，首先由于人口增加、社会经济发展，所耗用的农业用水数量与日俱增，从而造成农业用水急剧减少甚至枯竭，加剧了农业用水的有限性和稀缺性。其次，在人类进行农业生产中，农业用水在一定限度和范围内是被动顺从人的意志，如果肆无忌惮地滥用和侵吞，不仅会造成农业用水数量减少，还会破坏水资源质量，产生大量污水，严重的会影响生态结构系统，恩格斯早在《自然辩证法》中就指出："阿尔卑斯山的意大利人，因为要十分细心地培养山北坡的松林，而把南坡的森林砍光了，他们预料不到这样使得山泉在一年中的大部分时间都枯竭了，而且在雨季又使洪水倾泻到盆地上去。"[1] 另一方面，农业用水的价格表现还源于其垄断性，农业用水所有权，表现为农业用水因具有的生产性、不可替代性和稀缺性而形成的垄断性，为实现农业用水合理利用，并在市场经济下满足农业用水所有权的经济属性，必须对农业用水的使用者收取一定费用，这种凭借农业用水所有权获取的经济补偿也是农业用水价格形成的一种表现。总之，农业用水价格形成的外在逻辑，不仅在于农业用水数量上的有限性和稀缺性、质量上的差别性、产权上的垄断性，也在于农业用水的不可缺性，不论其数量或质量变化，将影响整个生态系统的循环和平衡。因此，农业用水价格形成的内在逻辑是由其使用价值和物质性效用决定的，外在逻辑则在于农业用水的稀缺性、垄断性及不可缺性。

二 农业用水价格测算方法

这里主要介绍当前我国主要推行的农业用水价格测算办法，包括终端水价和两部制水价。

（一）终端水价

通过多年农业用水价格的实践探索，我国现阶段正大力实行农业

---

[1] 恩格斯：《自然辩证法》，人民出版社 1975 年版，第 146 页。

终端水价制度，即农民用水户在供水终端承担的最终价格。在整个农业供水环节中，农业供水成本费用随着输送渠系的增加而增加，终端放水口处的输水路径最长，供水成本最高。"农业终端水价由国有水利工程水价和末级渠系水价两部分组成，国有水利工程水价是指国有水管单位水利工程产权分界点以上，所有骨干工程的成本、费用总和与产权分界点量测的农业供水量之比，主要考虑灌溉提水泵站取水的水源以上各级水利工程的成本费用。"① 末级渠系水价是指"国有水管单位水利工程产权分界点以下末级渠系供水成本费用与终端渠系供水量之比"②，主要考虑灌溉提水泵站取水，然后通过末级渠道或管网输送到田间的用水成本。总体上，"农业终端水价制度有利于规范末级渠系水价，改革农业供水管理体制，保证工程良性运行，促进农业节水增效，保障国家粮食安全，是农业用水价格改革的必然选择"③。

国有水利工程水价 = 国有工程农业供水生产成本和费用总和/农业供水量

末级渠系水价 = 末级渠系供水成本费用/终端供水量

终端水价 = 国有水利工程水价 + 末级渠系水价

（二）两部制水价

两部制水价包含基本水价和计量水价。其中，基本水费按多年平均用水量乘以基本水价，基本水价是用水户缴纳的最低用水费用，用以维持供水单位的正常运行；计量水价按照补偿基本水价以外的其他成本、费用的原则进行核定，计量水费按基本水量之外的实际用量乘以计量水价，表现为农业用水的按量计收。

基本水价 =（供水直接工资和管理费 + 50% 折旧费 + 50% 修理

---

① 刘路广、张祖莲、吴瑕等：《石首市农业水价综合改革终端水价测算》，《中国水利》2014 年第 2 期。

② 史玉青：《基于农业水价综合改革措施的大丰区节水量与综合效益评价》，硕士学位论文，扬州大学，2018 年。

③ 易斌：《关于推进农业水价综合改革试点工作的措施与方法的思考》，《农家科技》2012 年第 3 期。

费）/基本用水量

计量水价 =（50% 折旧费 + 50% 修理费 + 其他费用）/（总用水量 – 基本用水量）

三　农业用水价格形成的政治经济学模型

农业用水价格形成的政治经济学模型包括农业用水价格形成的系统设计，其形成的资源价格是商品交易价格，社会主义市场经济条件下的农业用水价格模型的核心是通过市场机制实现水资源利用效率最优。价格形成机制将引导供水企业和用水户追求农业用水的效益最大化，从而合理配置农业水资源，它表明，在社会主义市场经济中农业用水得到充分利用，供给等于需求，成本等于收益，用水户有效需求得到充分满足，农业水市场处于出清。

农产品需求方程：

$$x_1 = f_1(p_1, p_2, \cdots, p_n; v)$$
$$x_2 = f_2(p_1, p_2, \cdots, p_n; v)$$
$$\vdots$$
$$x_n = f_n(p_1, p_2, \cdots, p_n; v)$$

上式中，$x_1, x_2, \cdots, x_n$ 为各类农产品的需求量；$p_1, p_2, \cdots, p_n$ 为各类农产品价格；v 为农业用水价格，每一种农产品的需求量是其价格和农业用水价格的函数。

农业用水需求方程：

$$a_1 x_1 + a_2 x_2 + \cdots + a_n x_n = y$$

上式中，$a_i(i = 1, 2, \cdots, n)$ 为农业用水投入系数，表示生产 i 产品所需农业用水量，y 为农业水资源需求量。

农产品供给方程：

每一种农产品所需要的农业用水和价格的乘积加总后构成此种农产品的成本，它是农业用水报酬的总和，等于该商品价格。

$$a_1 v + b_1 w = p_1$$
$$a_2 v + b_2 w = p_2$$

⋮

$$a_n v + b_n w = p_n$$

其中，b_i（$i = 1$，2，$\cdots$，n）为其他生产资料投入系数，表示生产 i 产品所需其他生产资料，w 为其他生产资料价格。上式中各类农产品的价格等于成本，供水企业没有超额利润。

农业用水供给方程：

$$r = g(p_1, p_2, \cdots, p_n; v)$$

农业用水的供给量 r 由农业水资源价格 v 和各类农产品价格 p 共同决定。

以上联立方程表示一个静态的农业用水价格最优模型，它表明农业用水实现了资源最优配置，供水企业和用水户整体效益最大，社会经济状况实现最优。

四　"成本导向"视角下的农业用水价格形成机制

灌区作为供水管理机构，实现收益弥补成本是其经营发展的基本目标，而一切生产经营活动至少需要弥补可变（运行维护）成本，才能保障灌区基本的日常运行。根据国务院办公厅《关于推进农业水价综合改革的意见》相关要求，"农业供水价格原则上应达到或逐步提高到运行维护成本水平"。综合考虑我国水资源分布、农业水利工程运行、农业水费征收等情况，灌区农业用水价格构成总体上应在成本核算基础上，以"达到运行维护成本水平"目标确定用水价格标准，并合理调整水利供水工程各环节的用水价格。由此得到，

$$\pi = P \times Q - AVC \times Q$$

其中 π 为灌区利润，P 为农业用水单价，Q 为农业用水量，AVC 为灌区平均可变成本。上述公式表明，农业用水价格需达到运行维护的平均单位成本，灌区才能保证正常运行，尽管此时无法弥补固定成本投入，但通过逐步提高用水价格，调整用水补贴对象，灌区将逐步实现"成本导向"的农业用水价格。因此，基于灌区经

营效益维度，农业用水价格构成应以平均运行可变成本（运行维护成本）为最低参考标准，有条件的灌区可实行"运行维护成本"之上的农业用水价格，以此体现"成本导向"视角下的农业用水价格形成机制。

五　"支付可行"视角下的农业用水价格形成机制

探究农业用水价格形成机制，必须考察用水户承载力支付。实际上，用水户的支付能力分为两个层面：实际支付能力和心理支付意愿。具体来看，实际支付能力是用水户在进行农业生产中的投入产出决策，研究认为，农业水费占生产成本的20%左右，占农产品总收益的10%、纯收益的20%是较为合理的价格标准，此时的农业用水价格使得用水户既有实际支付能力，也有节水行为约束。而心理支付意愿则表明心理承受能力会影响用水户的支付行为，可以更多解释灌区水费实收率低，甚至出现抵触、拒交水费等问题，因此从用水户承载力支付维度分析农业用水价格形成机制，既要考虑农业生产中投入产出情况，判断用水户实际支付能力，又要研究其心理支付意愿，分析现实情况和心理参照点的差别情况，进而科学测定农业用水价格的弹性区间。

第三节　农业用水价格调节机制的构成机理

农业用水价格调节机制包括农业用水价格调节的理论模型、"补贴精准"和"节水激励"视角下的农业用水价格调节机制，促进农业用水供需均衡和农业可持续发展，形成"补贴精准、节水激励"农业用水价格调节机制的构成机理。

"价格调节机制是指政府依据价格形成及其运行的特点，为了更好地发挥价格对资源的合理配置作用以及实现国民经济的宏观经济目标，运用各种调节手段，包括经济、法律、行政等手段，对价格总水平及重要商品、劳务和生产要素的价格进行调节与管理的活动总称。"① 典型的价格调节机制是政府通过市场的各项经济指标，分析当前的价格形势与走势，制定出有针对性的价格措施，包括各种经济手段与其他手段的综合运用，通过市场机制传导至微观主体，影响微观主体的经济行为，并引导微观主体朝着有利于实现价格政策的目标调整经济行为，改变原有的价格格局，调整相关经济变量，充分发挥价格杠杆的调节作用，实现经济发展目标。价格调节机制的目标是市场短期和长期供求的平衡，其往往以现存的产品供求结构为出发点，做出适应性调整，通过价格的动态调整，使产品市场逐步趋向于"收敛"状态。价格调节机制作为一种社会福利措施，在生产者、消费者和社会各阶层之间转移收入，在价格本身具有刺激性的经济中，企业本身具有独立的利益诉求，价格变动会引起它们的利益变化。因此，单纯的价格收入调节会遇到阻碍，国家必须采用税收、补贴等措施配合价格调节，以保证市场经济正常运行。

一　农业用水价格调节的政治经济学模型

总体上，我国农业供水是在特定区域内，实行独家供水垄断或少数企业寡头垄断的生产经营形式，农业用水价格主要以供水单位（灌区）的个别成本作为定价依据，这样，供水单位（灌区）生产成本越高，农业用水价格就会越高，类似于"实报实销"性质建立的农业用水价格形成机制，不能激励供水单位提高生产效率、降低供水成本。事实上，如何更好地实行供水成本监测一直是调节农业用水价格的难题。理论上，合理的农业用水价格调节模型应当科学反映供水成本②，然而，如果农业用水价格真实反映供水成本，将会导致供水成

---

① 周春、蒋和胜：《市场价格机制与生产要素价格研究》，四川大学出版社 2006 年版，第 13 页。

② 根据国务院《关于推进农业水价综合改革的意见》，目前我国农业用水价格标准仅要求真实反映农业供水的运行维护成本，仅在经济发展水平高的地区，鼓励农业水价合理反映供水完全成本。

本大幅上涨，严重降低用水户的消费需求，在不增加传统用水户经济负担的宏观政策下，农业用水价格调节机制一方面要反映供水成本，另一方面则要注重建立健全农业用水价格补贴机制。此外，在实现农业节水、促进农业可持续发展目标下的农业节水奖励机制也是价格调节机制的重要组成部分。

基于此，一种可供选择的理论价格调节模型为：

$$P_{t+1} = C_t \left(1 + \frac{CPI + PPI}{2} - X \right) Q$$

上式中，P_{t+1} 为下一期农业用水调节价格，C_t 为本期供水成本，CPI 为消费价格指数，PPI 为生产价格指数，X 为政府规定的成本控制率，Q 为农业供水服务质量指数。

在上面模型中，$C_t \left(1 + \frac{CPI + PPI}{2} - X \right)$ 为供水成本上限控制项，在制定下一期农业用水价格时，首先要考虑本期供水成本情况和成本变动因素，在影响供水成本变动的诸多因素中，随着 CPI 和 PPI 的变化，供水企业（灌区）工程投资维护的原材料成本、工资成本等也会相应发生改变。正常情况下，CPI 为正值，所以 $C_t \left(\frac{CPI + PPI}{2} \right)$ 为成本增量，为促使供水单位提升生产效率、降低供水成本，政府为供水单位确定了一个成本控制率，如果 $\left(\frac{CPI + PPI}{2} - X \right) > 0$，则下一期的农业用水调节价格将上升，净增量为 $C_t \left(\frac{CPI + PPI}{2} - X \right)$；反之，如果 $\left(\frac{CPI + PPI}{2} - X \right) < 0$，则下一期供水企业必须降低供水价格，净减量为 $C_t \left(X - \frac{CPI + PPI}{2} \right)$。

由于 CPI 和 PPI 是客观的，对供水单位而言是一个外生变量，而 X 是政府规定的成本控制率，因此，供水单位想获取利润，企业需要将供水生产效率提高到政府规定的成本控制率之上，激励其提高供水生产率，降低供水成本，供水成本的下降也能使用水户支付更低的用水价格。上面模型中，实行质量系数（Q）有利于促使供水企业在控制成本上限的前提下确保农业供水的水质质量，并向用水户提供更好的供水服务。总体上，农业用水价格调节机制的理论模型能够刺激供水单位自觉提高供水效率、降低供水成本，使用水户享受到更低的用水价格，促进农业水资源优化配置。

基于此，在合理反映供水成本基础上，农业用水价格调节机制应当更加侧重于农业用水价格补贴机制及农业节水奖励机制的建立健全，通过市场机制传导至用水主体，影响用水主体的经济行为，并引导其朝着有利于实现价格调控政策的目标调整用水行为，实现供需均衡，促进农业节水和农业可持续发展。

二　"补贴精准"视角下的农业用水价格调节机制

合理的农业用水价格调节机制应当平衡农业用水市场的供需关系，农业用水价格的需求弹性较小，用水价格不能根据用水供给量变化及时做出调整。当农业用水供给量减少时，用水市场出现供不应求的局面，影响农业生产，严重的甚至会出现粮食安全危机，不利于我国基础产业发展，因此，政府制定农业用水价格调节机制必须保证农业用水的充分供给，保障供水企业（灌区）的基本经营收益。然而，长期以来，在兼顾用水户承受能力基础上实行低于成本的农业用水价格，尽管保证了用水户有效需求得到满足，却造成了我国农业水市场用水价格严重偏低，用水价格对用水户没有起到合理的约束作用，造成农业用水浪费现象严重。同时，政府将供水单位作为农业用水补贴对象，对供水单位实行低于成本的全额补贴，导致供水单位成本管控不严，成本逐年增长，不利于供水单位提高供水生产率、降低供水成本。因此，合理的农业用水价格调节机制，首先应建立科学的农业用水价格补贴机制，在遵循农业用水价格真实反映供水成本基础上，实行"价补分离"，通过价格杠杆引导用水户降低不必要的消费需求，提升农业用水资源配置效率，补贴对象也应当从供水单位调整为农业用水户，这样"一提、一补"既实现了农业用水价格成本补偿，又维护了用水户经济利益，推动农业用水市场机制主体地位，合理调节农业用水供求关系，促进农业用水市场均衡发展。

三 "节水激励"视角下的农业用水价格调节机制

农业可持续发展是在依托自然供给基础上，实现资源有效配置和合理利用的长效发展模式。在农业用水价格调节机制中，推动农业节水是促进农业可持续发展的重要组成部分。节水奖励机制是在水资源短缺情况下，为有效缓解水资源供需矛盾，实现资源可持续利用而制定的激励机制。为实现农业节水，结合农业用水价格需求弹性，学者普遍认为，对农业节水实行奖励机制，容易激励用水户节约用水，促进用水户调整种植方式和灌溉形式，实现合理灌溉的行为约束。此外，对定额用量之外的农业用水适当提高用水价格，有利于农业用水的合理减少，实现农业节水，建立健全的农业节水奖励机制有利于实现农业可持续发展。因此，农业用水价格调节机制应当侧重于节水奖励机制的构建，以期实现农业可持续发展目标。

第四节　农业用水价格机制的政治经济学分析框架

基于上述分析，本书提出，农业用水价格机制的政治经济学分析框架应当包括农业用水价格的影响维度以及农业用水价格形成机制和价格调节机制的构成机理。总体上，农业用水价格应当基于市场及政府影响维度，形成"成本导向、支付可行、补贴精准、节水激励"四位一体科学合理的农业用水价格机制构成机理，以灌区成本经营为基础，以用水户承载力为前提，以调节供求均衡为手段，以农业可持续发展为目标，农业用水价格机制应兼顾灌区、用水户、政府三方主体利益，通过合理的利益均衡，推动实现"灌区可运营、用水户可利用、水资源可持续"。

农业用水价格需要通过供给维度、需求维度及政府维度分析主体

参与农业用水价格形成及变动的整体过程。分析农业用水价格的影响
维度，当农业用水供不应求时，用水价格必然上涨，水价上涨又会刺
激供水增加；供过于求时，用水价格必然下降，价格下降又会限制供
水，刺激用水需求增加。所以，供求维度对农业用水形成价格具有重
要影响，同时，政府维度下，调节农业用水的供求平衡、维持农业可
持续发展及保护生态环境等目标对农业用水价格调节均具有重要
影响。

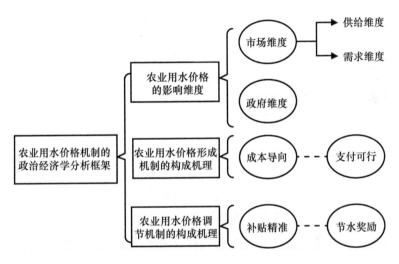

图 3 - 3　农业用水价格机制的政治经济学分析框架

农业用水价格形成的内在逻辑是由使用价值和物质性效用决定
的，外在逻辑主要在于农业用水的稀缺性、垄断性及不可或缺性，农
业用水价格形成方式应当采用政府定价。农业用水价格形成的理论模
型表明，合理的农业用水形成价格应当是市场经济条件中，农业用水
得到充分利用，供给等于需求，成本等于收益，用水户有效需求得到
充分满足，农业水市场处于出清状态。因此，农业用水形成价格需要
满足供给主体的成本经营效益和用水户承载力支付水平，由此形成
"成本导向、支付可行"的农业用水价格形成机制的构成机理，以灌
区成本经营为基础，以用水户承载力为前提，实现"灌区可运营、用

水户可利用"。

农业用水价格调节机制应当科学反映供水成本，促进供水企业提高供水服务效率，注重调节供需关系与促进农业可持续发展。具体而言，农业用水价格调节机制应注重建立健全农业用水价格补贴机制和农业节水奖励机制，形成"补贴精准、节水激励"的农业用水价格调节机制，以调节供求均衡为手段，以农业可持续发展为目标，推动实现"水资源可持续"。

第五节　本章小结

本章分析了农业用水价格的影响维度、农业用水价格形成机制以及价格调节机制的构成机理，提出农业用水价格机制的政治经济学分析框架。

首先，政治经济学理论认为，农业用水价格需要通过供给维度、需求维度及政府维度分析主体参与农业用水价格形成及变动的整体过程。分析农业用水价格的影响维度，当农业用水供不应求时，用水价格必然上涨，水价上涨又会刺激供水增加；供过于求时，用水价格必然下降，价格下降又会限制供水，刺激用水需求增加。所以，供求维度对农业用水形成价格具有重要影响，同时，政府维度下，调节农业用水的供求均衡、维持农业可持续发展及保护生态环境等目标对农业用水价格调节均具有重要影响。

其次，农业用水价格形成机制的构成机理包含农业用水价格形成基础、农业用水价格的政府定价、农业用水价格测算办法、农业用水价格形成的政治经济学模型、"成本导向"和"支付可行"视角下的农业用水价格形成机制等内容，其中农业用水价格形成的内在逻辑是由使用价值和物质性效用决定的，外在逻辑主要在于农业用水的稀缺性、垄断性及不可缺性。研究表明农业用水应当实行政府定价，同时农业用水形成价格需要满足供给主体的成本经营效益以及用水户承载力支付水平，形成"成本导向、支付可行"的农业用水价格形成机制的构成机理。

再次，农业用水价格调节机制包括农业用水价格调节的政治经济学模型、"补贴精准"和"节水激励"视角下的农业用水价格调节机制，促进农业用水供需均衡和农业可持续发展，形成"补贴精准、节水激励"的农业用水价格调节机制的构成机理。

最后，本章构建了农业用水价格机制的政治经济学分析框架，农业用水价格应当基于市场及政府影响维度，形成"成本导向、支付可行、补贴精准、节水激励"四位一体科学合理的农业用水价格机制构成机理，以灌区成本经营为基础，以用水户承载力为前提，以调节供求均衡为手段，以农业可持续发展为目标，农业用水价格机制应兼顾灌区、用水户、政府三方主体利益，通过合理的利益均衡，推动实现"灌区可运营、用水户可利用、水资源可持续"。

第四章　中国农业用水价格机制的历史演进与现实分析

本章主要阐述我国农业用水价格机制的历史演进，分析了农业水价综合改革后，农业用水价格机制的主要进展以及仍然存在的现实问题。

第一节　农业水资源表征分析

水资源利用情况：2017 年，全国总供水量 6043.4 亿立方米，其中，地表水源占比 81.8%，地下水源占比 16.8%，其他水源占比 1.3%。全国总用水量 6043.4 亿立方米，其中，农业用水 3766.4 亿立方米，占总用水量的 62.3%；工业用水 1277.0 亿立方米，占总用水量的 21.1%；生活用水 838.1 亿立方米，占总用水量的 13.9%；人工生态环境补水 161.9 亿立方米，占总用水量的 2.7%。与上年相比，总用水量增加 3.2 亿立方米，其中，农业用水量减少 1.6 亿立方米，工业用水量减少 31.0 亿立方米，生活用水和人工生态环境补水量分别增加 16.5 亿立方米和 19.3 亿立方米，全国人均综合用水量 436 立方米。[①] 各省级行政区供用水情况如表 4 - 1 所示。

---

① 中华人民共和国水利部：《2017 年中国水资源公报》，2018 年 11 月 16 日，http：//www.mwr.gov.cn/sj/tjgb/szygb/201811/t20181116_ 1055003. html。

表 4 – 1 　　　　　　　　2017 年各省份供水量与用水量 　　　　单位：亿立方米

省份	供水量				用水量				
	总量	地表水	地下水	其他	总量	农业用水	工业用水	生活用水	人工生态环境补水
全国	6043.4	4945.5	1016.7	81.2	6043.4	3766.4	1277.0	838.1	161.9
北京	39.5	12.4	16.6	10.5	39.5	5.1	3.5	18.3	12.7
天津	27.5	19	4.6	3.9	27.5	10.7	5.5	6.1	5.2
河北	181.6	59.4	116	6.2	181.6	126.1	20.3	27	8.2
山西	74.9	39.6	31.1	4.2	74.9	45.5	13.5	12.8	3
内蒙古	188	99.2	85.3	3.4	188	138.1	15.7	11	23.1
辽宁	131.1	72.4	54.5	4.2	131.1	81.6	18.6	25.4	5.5
吉林	126.7	81.5	44.7	0.4	126.7	89.8	18.1	14.1	4.7
黑龙江	353.1	188.9	163.1	1	353.1	316.4	19.7	15.4	1.5
上海	104.8	104.8	0	0	104.8	16.7	62.7	24.6	0.8
江苏	591.3	575.3	8.4	7.7	591.3	280.6	250.1	58.5	2.1
浙江	179.5	176.2	1.3	2	179.5	80.9	46.1	47	5.5
安徽	290.3	256.5	30.8	3	290.3	158.2	92.2	33.8	6.2
福建	192	186.4	5	0.7	192	91.2	64.4	33.2	3.2
江西	248	237.6	8.3	2.1	248	156.3	60.5	28.9	2.3
山东	209.5	121.1	79.7	8.7	209.5	134	28.8	34.6	12
河南	233.8	113.1	115.5	5.1	233.8	122.8	51	40.2	19.8
湖北	290.3	281.4	8.8	0.1	290.3	148.1	87.8	53.2	1.2
湖南	326.9	311.7	15.2	0.1	326.9	193.7	86	44.5	2.8
广东	433.5	417.3	13.8	2.3	433.5	220.3	107	100.9	5.3
广西	284.9	273.1	10.5	1.4	284.9	195.8	46	40.2	3
海南	45.6	42.3	3.1	0.2	45.6	33.3	3	8.4	0.8
重庆	77.4	76.1	1.1	0.2	77.4	25.4	30.4	20.5	1.1
四川	268.4	254.3	12.1	1.9	268.4	160.4	51.4	50.8	5.8
贵州	103.5	101.1	1.8	0.6	103.5	58.9	24.8	18.8	0.9
云南	156.6	149.9	3.7	3.1	156.6	108.5	23.4	21.7	3.1
西藏	31.4	27.8	3.6	0	31.4	26.9	1.5	2.7	0.2
陕西	93	58.2	32.6	2.3	93	58.2	14.3	17	3.5
甘肃	116.1	87.1	25.1	3.9	116.1	92.3	10.4	8.7	4.7
青海	25.8	20.7	5	0.2	25.8	19.2	2.5	2.9	1.2
宁夏	66.1	60.3	5.5	0.2	66.1	56.7	4.5	2.3	2.5
新疆	552.3	440.9	109.8	1.6	552.3	514.4	13.1	14.7	10.2

数据来源：水利部 2018 年 11 月 16 日公布的《2017 年中国水资源公报》。

　　从占比情况看，2017 年，全国农业用水占总用水量的 62.3%，较上年下降 0.1 个百分点；工业用水占总用水量的 21.1%，较上年下降 0.6 个百分点；生活用水占总水量的 13.9%，较上年增长 0.3 个百分点；人工生态环境补水占比 2.7%，较上年增长 0.3 个百分点，各省级行政区在全国用水量中占比及不同类型用水占比情况如表 4-2 所示。

表 4-2　　　　　2017 年各省份占比及不同类型用水情况占比　　　　单位:%

省份	总用水量	农业用水占比	工业用水占比	生活用水占比	人工生态环境补水占比
全国	100.0	62.3	21.1	13.9	2.7
北京	0.7	12.9	8.9	46.3	32.2
天津	0.5	38.9	20.0	22.2	18.9
河北	3.0	69.4	11.2	14.9	4.5
山西	1.2	60.7	18.0	17.1	4.0
内蒙古	3.1	73.5	8.4	5.9	12.3
辽宁	2.2	62.2	14.2	19.4	4.2
吉林	2.1	70.9	14.3	11.1	3.7
黑龙江	5.8	89.6	5.6	4.4	0.4
上海	1.7	15.9	59.8	23.5	0.8
江苏	9.8	47.5	42.3	9.9	0.4
浙江	3.0	45.1	25.7	26.2	3.1
安徽	4.8	54.5	31.8	11.6	2.1
福建	3.2	47.5	33.5	17.3	1.7
江西	4.1	63.0	24.4	11.7	0.9
山东	3.5	64.0	13.7	16.5	5.7
河南	3.9	52.5	21.8	17.2	8.5
湖北	4.8	51.0	30.2	18.3	0.4
湖南	5.4	59.3	26.3	13.6	0.9
广东	7.2	50.8	24.7	23.3	1.2
广西	4.7	68.7	16.1	14.1	1.1
海南	0.8	73.0	6.6	18.4	1.8
重庆	1.3	32.8	39.3	26.5	1.4
四川	4.4	59.8	19.2	18.9	2.2
贵州	1.7	56.8	24.0	18.2	0.9

续表

省份	总用水量	农业用水占比	工业用水占比	生活用水占比	人工生态环境补水占比
云南	2.6	69.3	14.9	13.9	2.0
西藏	0.5	85.7	4.8	8.6	0.6
陕西	1.5	62.6	15.4	18.3	3.8
甘肃	1.9	79.5	9.0	7.5	4.0
青海	0.4	74.4	9.7	11.2	4.7
宁夏	1.1	85.8	6.8	3.5	3.8
新疆	9.1	93.1	2.4	2.7	1.8

数据来源：水利部 2018 年 11 月 16 日公布的《2017 年中国水资源公报》。

农业水资源方面，截至 2017 年底，全国农业用水灌溉面积 73946 千公顷，耕地灌溉面积 67816 千公顷，灌溉耕地占总耕地面积的 50.3%，节水灌溉工程面积 34319 千公顷。其中，喷灌、微灌面积 10561 千公顷，低压管灌面积 9990 千公顷。与此同时，全国已建成灌溉面积 2000 亩及以上灌区 22780 处，其中 30 万—50 万亩大型灌区 281 处，50 万亩以上大型灌区 177 处，农田灌溉水有效利用系数 0.548，农业灌溉用水计量率达到 61%。[①]

第二节　农业用水价格机制构建的历史演进

我国农业用水价格由来已久，早在战国时期的都江堰灌区便已实行农业用水有偿使用，农民通过缴纳谷物维护灌区水利工程有效运行。新中国成立以来，农业用水价格从无偿使用到低价收费再到制定合理水价，体现着我国农业用水从"无偿资源"到"有价商品"的合理转变，农业用水价格机制构建也相应经历了基本缺位阶段、初始建立阶段、初步优化阶段以及综合优化阶段，国家力求通过价格机制及配套改革的联动推进，逐步实现农业节水和农业可持续发展。

[①]　中华人民共和国水利部：《2017 年中国水资源公报》，2018 年 11 月 16 日，http://www.mwr.gov.cn/sj/tjgb/szygb/201811/t20181116_1055003.html。

一 基本缺位阶段（1949—1964）

新中国成立初期，我国处于经济复苏阶段，农业作为基础性和决定性产业，支撑着人民"温饱"以及二、三产业发展。为进一步促进农业发展，改善国计民生，这一阶段的农业灌溉用水普遍实行无偿使用，灌溉工程建设及维护费用均由政府承担，并未考虑用水成本补偿问题。这一时期总体可称为农业用水无偿使用阶段，相应的农业用水价格机制基本缺位。由于没有价格杠杆的约束，农民普遍树立了无偿用水观念，农业用水浪费现象较为普遍。

二 初始建立阶段（1965—2002）

长期无偿用水导致农业水资源严重超采，浪费现象严重。为解决水资源过度使用问题，我国开始进入农业用水低价改革阶段，相应的价格机制初步建立。1965年，经国务院批准，水利电力部出台了《水利工程水费征收使用和管理实行办法》，确定了基本的农业用水价格原则和计量方式。[①] 该办法尽管没有在全国范围实行，却标志着我国农业用水价格的正式启动，也是农业用水价格机制的建立起点。1965年以后，水利部经过十几年对农村用水情况的调查，基本明确了全国范围内农业用水价格制定的总体原则。1982年，水利部出台《关于核定水费制度的报告》，提出水费应当包含供水成本和利润，明确了供水成本的测算标准[②]，由此，水资源作为商品的观念被确立下来。1984年，中央提出全国实行水费征收，同时对困难地区建立农业用水补贴机制，各省市县结合自身情况相应建立了水价调节机制。1985年，国务院颁布了《关于水利工程水费核订计收管理办法》，明确"农业用水需向供水工程管理单位交付水费，粮食作物的

[①] 《水利工程水费征收使用和管理实行办法》，2016年11月8日，https://wenku. baidu. com/view/145b86e94bfe04a1b0717fd5360cba1aa8118c4c. html。

[②] 《农业水价改革是促进节水农业发展的关键》，2018年10月8日，https://wenku. baidu. com/view/183eced30129bd64783e0912a216147916117e0c. html。

农业水费按照供水成本进行核算"①，初步建立起我国农业用水分类定价机制。1997 年，国务院颁布《水利产业政策》，规定新建水利工程与原有水利工程实行差别定价原则②，初步建立起农业用水差别定价机制。同年，水利部出台《乡镇供水水价核订原则》，落实了农业用水价格标准，提出全国农业用水需实行有偿使用。

1988 年，第一部《中华人民共和国水法》的出台标志着我国水资源有偿使用得到了法律保护，从法律高度确认了水资源合理开发使用③，促进了我国经济社会的协调发展。1992 年，我国水利工程供水价格被列入政府商品价格管理目录，接受国务院价格部门管理。2000 年，国家计委出台了《关于印发改革水价促进节约用水的指导意见》，明确规定"我国农业用水价格改革要以节约用水为目标，农业用水应当作为市场商品建立完善的价格机制"④。2001 年国家三部委联合出台《关于改革农业用水价格有关问题的意见》，指出"农业用水价格形成机制需要综合兼顾用水户承载力，坚决杜绝乱收费现象"⑤。总体而言，此阶段的农业用水价格从根本上解决了工程供水的商品属性，水利工程水价从行政事业收费变为市场经济价格管理，相应的农业用水价格形成机制及价格调节机制得以初步建立。

三　初步优化阶段（2003—2006）

2003 年，国家发改委会同水利部共同颁布了《水利工程供水管理价格的管理办法》（以下简称《办法》），规定了"农业用水价格按补

---

① 中华人民共和国中央人民政府：《关于水利工程水费核订计收管理办法》，2016 年 10 月 18 日，http：//www. gov. cn/zhengce/content/2016 – 10/18/content_ 5121135. htm。

② 《水利产业政策》，https：//baike. baidu. com/item/水利产业政策/9993832？fr = Aladdi。

③ 《中华人民共和国水法》，2017 年 4 月 20 日，湿地中国网（http：//www. shidi. org/sf_ 8949CAEA82E341B6BA4E15F48A585E0A_ 151_ shidizx. html）。

④ 《国家计委关于印发改革水价促进节约用水的指导意见》，2010 年 1 月 18 日，福建省晋江自来水股份有限公司官网（http：//www. jinjiangwater. com/content. aspx？id = 194）。

⑤ 《关于改革农业用水价格有关问题的意见》，2015 年 10 月 6 日，中农网（https：//www. zhongnongwang. com/news/show – 16324. html）。

偿供水生产成本、费用的原则核定，不计利润和税金"①，同时《办法》建议农业用水价格实行超额累进加价制度、季节水价以及浮动水价的定价机制，标志着我国农业用水价格以成本定价为依据的多元定价机制的优化建立。2004 年，国务院颁布《关于推进水价改革促进节约用水保护水资源的通知》，要求将"农业用水价格纳入政府价格管理范围，逐步达到保本水平，做好水价改革，适宜地区积极实行农业用水终端水价制度"②。2005 年，国家发改委和水利部联合颁布《关于加强农业末级渠系水价管理的通知》，要求"建立农业水利末级渠系水价制度，农业末级渠系水价应当纳入商品价格管理范围，推行末级渠系计量收费和终端水价制度"③。总体上，这一阶段明确了我国农业用水实行以成本定价为依据的多元定价机制，同时探索实行农业终端水价和两部制水价的定价方式，形成农业用水价格机制初步优化阶段。

四 综合优化阶段 (2007 年至今)

"2007 年，水利部确定了 14 个灌区作为首批农业水价综合改革试点项目区"④，作为完善我国农业用水价格机制的核心举措，农业水价综合改革改变了传统农业用水价格形成机制，实行定额管理和总量控制，建立健全农业用水价格补贴和节水奖励机制，促进了农业水资源节约与农业发展并举的农业用水价格机制的建立。2008 年，试点范围扩大到 14 个粮食主产区及 4 个产粮大省。2010 年，《深化经济体制改革工作意见》中明确提出要推进实施农业节水与农业水价综

---

① 刘小勇：《农业水价改革的理论分析与路径选择》，《水利经济》2016 年第 3 期。
② 中华人民共和国国务院办公厅：《关于推进水价改革促进节约用水保护水资源的通知》，2004 年 4 月 19 日，http：//www. gov. cn/xxgk/pub/govpublic/mrlm/200803/t20080328_32372. html。
③ 《关于加强农业末级渠系水价管理的通知》，2006 年 3 月 29 日，汇法网（https：//www. lawxp. com/statute/s530708. html）。
④ 《农业水价综合改革试点培训讲义》，2008 年 6 月 5 日，湖北农村水利网（http：//www. hubeiwater. gov. cn/nsc/nsc_ old/AllnewsView. asp？cid＝16&nid＝878）。

合改革。① 2011 年，中央一号文件出台了《关于加快水利发展改革的决定》，明确提出，确保农田水利建立和水价综合改革顺利实施，指出农业用水价格改革要以降低用水户水费及农田水利工程良性运行为原则②，加快定额管理及累进加价办法的制定，文件的出台为我国农业用水价格改革，健全农业用水价格机制确立了改革目标和路径。2012 年，国务院颁布了《国家农业节水纲要（2012—2020 年）》，"把节水灌溉作为经济社会可持续发展的一项重大战略任务"③。2014 年，水利部颁布《关于深化水利改革的指导意见》，明确农业水利工程财政补助的标准和范围。④ 同时，选取了 27 个省份 80 个县作为新一轮农业水价综合改革试点，为我国农业用水价格机制的健全提供不同区域范围的实践经验。

2016 年 1 月，国务院办公厅印发了《关于推进农业水价综合改革的意见》，标志着农业水价综合改革从试点向全国范围推进，农业用水价格机制得以全面优化构建。《意见》提出了农业水价综合改革的系统战略部署，"计划利用 10 年时间，健全我国农业用水价格形成机制、提高农业用水效率、提升灌溉工程供水效率、建立合理的用水补贴机制和节水奖励机制、转变农业用水方式，不断提高农业节水，加快农业可持续发展"⑤。2017 年，国家发改委出台了《关于扎实推进农业水价综合改革的通知》，提出"现阶段要通过'花钱买机制'的方式，健全农业用水价格形成机制，健全农业用水价格补贴机制和节水奖励机制"⑥，

① 《关于 2010 年深化经济体制改革重点工作的意见》，中国新闻网（2010 年 5 月 31 日，http://www.chinanews.com/cj/news/2010/05-31/2313161.shtml）。
② 《2011 年中央一号文件》，2015 年 2 月 5 日，中国农业新闻网（http://www.farmer.com.cn/ywzt/wyhwj/yl/201502/t20150205_ 1011788_ 5. htm）。
③ 王雁宽：《大同市膜下滴灌工程效益及发展前景分析》，《山西水利》2013 年第 10 期。
④ 中华人民共和国水利部办公厅：《水利部印发关于深化水利改革的指导意见》，2014 年 8 月 4 日，http://www.mwr.gov.cn/ztpd/2014ztbd/shggxspm/bsyq/201408/t20140804_ 572441. html。
⑤ 中华人民共和国中央人民政府：《国务院办公厅关于推进农业水价综合改革的意见》，2016 年 1 月 29 日，http://www.gov.cn/zhengce/content/2016 – 01/29/content_ 5037340. htm。
⑥ 中华人民共和国国家发改委：《关于扎实推进农业水价综合改革的通知》，2017 年 6 月 6 日，http://www.ndrc.gov.cn/zcfb/zcfbtz/201706/t20170613_ 850553. html。

充分调动各方推进改革的积极性。总体上，农业水价综合改革要求实现农业节水，重点围绕末级渠系农业用水价格改革。

从两轮水价综合改革情况来看，第二轮水价综合改革是在第一轮改革基础上的延伸和扩展，在改革任务、改革目标、改革内容等方面，进行了更为系统、全面的调整。具体而言，改革目标由"建立健全灌溉工程体系和管理运行机制"① 调整为"建立健全农业用水价格形成机制和农业用水价格调节机制"②；具体任务由"两改一提高"（即末级渠系工程实施节水技术改造、进行用水管理体制改革及提高农业用水利用效率和效应）扩展为"一基础两机制"（夯实农业用水价格机制基础、健全农业用水价格形成机制、健全农业用水价格调节机制）；同时在改革时间、改革范围、改革力度及资金保障等方面也进行了相应的扩展和完善，以此推动农业水价综合改革，建立科学合理的农业用水价格机制，促进农业节水，实现农业可持续发展（见表 4 – 3）。

表 4 – 3   两轮农业水价综合改革比较

	牵头部门	试点范围	改革目标	改革任务	资金保障	评价考核
第一轮改革	水利部	14 个粮食主产区和主要产粮省份的主要灌区	1. 健全灌溉工程运行体系；2. 建立灌区末级渠系管理体制；3. 建立灌区长效发展机制	1. 大型灌区末级渠系节水改造；2. 农业终端水价制度及农业水权制度建设；3. 农民用水合作组织规范化建设	中央财政农田水利建设补助专项资金30 亿元，其中安排9 亿元支持农业水价综合改革相关工作	粮食安全指标农民经济效应水资源利用指标水价改革指标协会运行指标社会效应指标

---

① 湖北农村水利网：《农业水价综合改革试点培训讲义》，2008 年 6 月 5 日，http：//www. hubeiwater. gov. cn/nsc/nsc_ old/AllnewsView. asp？cid = 16&nid = 878。

② 中华人民共和国中央人民政府：《国务院办公厅关于推进农业水价综合改革的意见》，2016 年 1 月 29 日，http：//www. gov. cn/zhengce/content/2016 – 01/29/content _ 5037340. htm。

续表

	牵头部门	试点范围	改革目标	改革任务	资金保障	评价考核
第二轮改革	国家发改委、财政部、水利部、农业农村部	27 个省份的 80 个县	1. 夯实农业用水价格改革基础; 2. 健全农业用水价格形成机制; 3. 基本建立可持续的精准补贴和节水奖励机制	1. 完善供水计量设施; 2. 建立农业水权制度; 3. 加强农业用水需求管理; 4. 探索创新终端用水管理方式; 5. 分级分类分档制定农业用水价格; 6. 建立精准补贴和节水奖励机制; 7. 多渠道筹集奖补资金	中央财政部安排 8 亿元试点资金,改革资金不足由地方政策自行配套,改革成效显著地区给予相应补助	节水效应指标 经济效应指标 社会效应指标 生态效应指标 政策效应指标

第三节 农业用水价格机制构建的主要进展

　　农业水价综合改革,是解决我国农业水资源商品价格扭曲的重要内容,也是健全我国农业用水价格机制的重要手段。2007 年以来,我国农业用水进入综合改革阶段,伴随着国家出台的一系列指导性文件,农业水价综合改革在多个试点地区得到开展,各地进一步落实改革主体责任,遵循因地制宜、试点先行的原则,协同构建农业用水价格形成机制和价格调节机制,坚持"先建机制、后建工程",进一步扩大改革试点范围,推动我国农业节水的不断发展,提高了农业用水管理水平和节水效率。截至 2017 年底,"农业水价综合改革已覆盖全国近 700 个县和 100 个灌区,改革实施面积累计达到 5200 万亩以上"[①],其中 2017 年新增农业水价综合改革面积 3200 余万亩,实施农

---

① 姜文来:《推进水价改革发展农业节水》,《中国食品》2018 年第 7 期。

业水价综合改革的地区节水成效初显，亩均节水约 100 立方米，灌溉历时平均缩短约 20%①。具体而言，农业水价综合改革后，我国构建农业用水价格机制取得了以下三方面进展。

一　初步夯实了农业用水价格机制基础

通过农业水价综合改革，试点地区积极探索总量控制和定额管理，提升了农业用水管理效率。用水总量控制方面，各地结合水资源管理体制改革，积极建立农业水权制度，绝大多数试点地区在明确农业用水总量和初始农业水权的基础上，将水权细分到用水单元，并颁发了水权证。试点地区明确了农业用水总量，部分已将农业水权划分到村或农民用水合作组织。定额管理方面，部分省份及时修订了农业用水定额，并指导试点地区依据定额建立节水奖励和分档加价制度，部分试点地区探索对灌区用水定额逐年递减，培养用水户科学灌溉的意识行为。农业水权交易方面，部分地区开展了水权交易，各地在水权的分配及水权交易工作落实上存在差异，具体源于各地区水资源的稀缺程度，如在水资源稀缺的甘肃省，水权制度在全国最早建立并执行。一些地区结合种植结构调整、节水技术推广率等工作，强化了用水管理。与此同时，试点地区大力推进农业用水计量设施建设，配备计量设施，合理设定计量单位，大型灌区末级渠系积极修建量水标尺，与斗渠口的量水槽同步使用，实现用水计量到地头。此外，各地区采取多种措施完善工程建设投资，拓宽筹资渠道，统一规划农田水利建设项目，通过成立农民用水合作组织、水管单位专业化管理等多种模式，明确工程管护责任，构建水利工程管护机制，引入社会资本参与水利工程运行管护，组建专业化公司，对农田水利工程实行物业化管理，设施管护水平得到显著提升。

---

① 中华人民共和国水利部：《2017 年全国水利发展统计公报》，2018 年 11 月 16 日，http://www.mwr.gov.cn/sj/tjgb/slfztjgb/201811/t20181116_ 1055056. html。

二　初步健全了农业用水价格形成机制

截至 2017 年底，全国共有 15 个省份研究制定了农业用水价格成本核定和价格管理办法，612 个试点县（灌区）完成了农业供水成本监审工作[①]，为优化农业用水价格形成机制奠定了坚实基础。试点地区平均农业用水价格比改革前每立方米提高了 0.06 元左右，多数试点区农业水价达到了灌区日常运行维护成本水平，部分地区达到全成本水平。基本达到全成本水平试点地区推行了农业用水超定额累进加价制度，用水量超过定额 10% 以内的，每立方米加收 0.02 元，超定额 10% 以上的，每立方米加收 0.04 元。[②]

三　初步完善了农业用水价格调节机制

水价调整过程中，各级地方政府坚持总体不增加用水户经济负担，通过构建价格补贴机制和节水奖励机制，推进设施节水和管理节水，保障了农民用水支出基本稳定。各地通过多种渠道筹集奖补资金，因地制宜、积极建立用水价格补贴机制及节水奖励机制。据初步统计，2017 年，各地共安排奖补资金约 10 亿元[③]，省级财政预算中安排专项资金用于奖补，确保资金来源。补贴机制方面，部分试点地区对定额内用水的提价部分予以补贴，部分对水管单位和农民用水户协会运行维护费用予以补贴。节水奖励机制方面，多数试点地区对农民定额用水的节约部分，采用现金返还或水权回购的方式进行奖励，部分地区以促进节水为导向，积极创新奖励形式，试点地区采用按量

[①] 中华人民共和国中央人民政府：《发展改革委关于 2017 年度农业水价综合改革工作绩效评价有关情况的通报》，2018 年 9 月 29 日，http：//www. gov. cn/xinwen/2018 – 09/29/content_ 5326825. htm。

[②] 中华人民共和国中央人民政府：《发展改革委关于 2017 年度农业水价综合改革工作绩效评价有关情况的通报》，2018 年 9 月 29 日，http：//www. gov. cn/xinwen/2018 – 09/29/content_ 5326825. htm。

[③] 中华人民共和国中央人民政府：《发展改革委关于 2017 年度农业水价综合改革工作绩效评价有关情况的通报》，2018 年 9 月 29 日，http：//www. gov. cn/xinwen/2018 – 09/29/content_ 5326825. htm。

提价、按亩返还的方式，对亩均用水量低于全县（区）平均水平的农户给予奖励，对管理到位、节水成效明显的管理人员予以奖励，提升了精细化补贴和奖励水平。

第四节　农业用水价格机制构建的现存问题

农业水价综合改革取得了初步进展，但总体而言，改革覆盖面较小，试点地区进展不一，农业用水价格机制的现实问题仍然存在，正确分析我国农业用水价格机制存在的问题是合理优化农业用水价格机制，促进农业可持续发展的必要条件。经过系统考察和分析可知，当前我国构建农业用水价格机制存在的问题突出表现为农业用水价格形成机制不完善以及农业用水价格调节机制不健全。

一　农业用水价格形成机制不完善

（一）农业用水定价标准较低

我国现行农业用水价格总体实行政府定价或政府指导价，且普遍低于供水成本。"现行的供水成本计算只包括供水工程的基本折旧费和运行管理费，没有考虑利润等，且大部分灌区实行的水价不足供水成本一半。"[1] 一些政府水管部门及物价部门在制定本区域水价过程中，考虑到农业用水的政策性，有意识降低农业供水价格水平，"造成农业水价长期偏低，并和工业、城镇水价相比出现严重的价格倒挂"[2]。由于水价已从行政事业收费调整为商品服务经营收费，水价过低违背了商品经营的一般性规律，现有研究表明，"我国末级渠系农业用水价格不足供水成本的 60%，供水单位入不敷出，无法维护水利工程正常运行，只能采取只用不修的'榨取式'经营方式，造成水利工程老化破损严重，灌区面积萎缩，水费收入进一步减少，形

---

[1]　李太山：《农业节水保障体系存在的问题及发展对策》，《农业科技与装备》2015年第1期。

[2]　郭明远：《节水农业的形成与灌溉水价改革》，《甘肃科技》2005年第4期。

成恶性循环，严重影响了农业供水服务质量"[1]。农业用水价格与成本倒挂，使得价格违背价值规律，价格机制难以起到调节作用。此外，农业用水价格制定并未考虑环境水价，随着农业用水的不断增加，资源过度消耗对生态环境的影响并未纳入经济核算当中，以环境资源过度消耗为代价的经济增长不利于农业可持续发展。

（二）供水单位水费征收成本高

我国多数农业水费由乡镇水管单位或村集体代收，然而，长期以来水管单位和基层组织的水费征收难度较大，成本较高，也是造成供水单位长期入不敷出的重要因素。税费改革之前，农业水费同农业税一齐征收，随着农业税费的取消，仅剩农业水费一项费用需要征收；同时，国家禁止农业水费在农民粮食直补账户中代扣，这就使得水费收缴必须逐户进行，大大增加了征收难度。"水管单位或村集体要耗费大量人力物力进行水费征收，极大增加了运营成本，部分灌区的征收成本约占水费的1/4，而个别灌区由于农户分散或抵触较大，征收成本甚至占到水费的2/3以上。"[2] 加之，一些地区的自然降水可满足农作物生产需要，丰水年份或丰水时期仅需要少部分灌溉用水，农户一年缴纳的灌溉水费少之又少，水费本身较少而征收成本又较高，使得收缴单位缺乏征收积极性。

（三）农业用水价格上涨空间有限

农业用水价格上涨空间有限主要缘于农业用水的需求弹性价格低以及农业用水的公共品属性特征。一方面，农业用水需求价格弹性较低，多数在［-1，1］之间，这是由于农业用水量在一定程度上存在客观性，除改变农作物需水量的技术应用或农业节水灌溉技术应用，特定农作物对农业用水需求是有定额的。这就是说，农业灌溉需求水量对农业用水价格的敏感性不强，即使水价再高，农作物生产依然需要相应水量供给，若一味提高农业用水价格，只会导致用水户放

---

[1]　陈淑青：《宁阳县农业水价综合改革探讨》，《山东水利》2017年第6期。
[2]　李培蕾：《我国农业水费的征收与废除初步探讨》，《水利发展研究》2009年第1期。

弃农业生产，甚至造成土地抛荒，因此，农业用水价格只能在合理范围内对农业用水进行调节。另一方面，农业灌溉用水具有一定的公共品特性，需要政府进行价格调控和引导，农业用水价格的政策性以及农业产业比较效益低的特性也同样要求农业用水价格在合理范围波动，导致价格上涨空间有限。此外，工业化及城市化初期的工农"剪刀差"政策使得我国农产品价格整体偏低，造成农业供水价格相应较低，如果农业用水价格持续上涨，农业的弱质性必然挫伤农业生产积极性。

（四）用水户实际支付水费较高

比较而言，农业用水较工业用水和居民生活用水的输送距离长，多数灌区农业用水从水库到农田一般要经过干渠、支渠、斗渠、农渠、毛渠等五级渠系。①虽然目前灌区上游水价较低，但由于末级渠系工程建设滞后且维护不足，设施老化导致跑冒滴漏现象严重，中西部地区超过 60% 农渠或毛渠甚至仍是土渠结构，没有衬砌的渠系，其渗漏损失可占总引水量的 30%—50%，有的高达 60%②，输送到农田的灌溉用水被大量渗透到各级渠系之外，而这些损失多由用水户承担，造成用水户实际支付水费较高。2017 年，我国农田灌溉水有效利用系数仅为 0.548③，也就是说，灌区单位每供水 1 立方米，被农作物利用的只有 0.548 立方米，如果水价为 0.05 元/立方米，那么下游终端农民最终支付的水费近 0.1 元/立方米。同时，我国许多地区农业用水需提灌输水，据测算，2016 年我国平均三大粮食作物的排灌费占服务生产成本的 10%④，因农业用水的整体排灌费用较多，以此计算的农民水费支出同样较高。

---

① 斗渠以下一般统称为末级渠系。
② 《农业水价综合改革试点培训讲义》，2008 年 6 月 5 日，湖北农村水利网（http://www.hubeiwater.gov.cn/nsc/nsc_old/AllnewsView.asp？cid=16&nid=878）。
③ 中华人民共和国水利部：《2017 年中国水资源公报》，2018 年 11 月 16 日，http://www.mwr.gov.cn/sj/tjgb/szygb/201811/t20181116_1055003.html。
④ 国家发展改革委员会价格司：《全国农产品成本收益统计资料汇编2017》，全国农产品成本收益资料汇编委员会 2018 年版，第 25—26 页。

（五）用水户心理支付意愿较低

我国自农业税费取消以来，农业水费实际征收率不断下降，全国农业水费收取率由改革前的 60% 逐步下降。根据《全国农产品成本收益统计资料汇编 2017》，2016 年我国三种主粮作物灌溉水价平均为 7.63 元/亩，用水成本仅占总成本的 1.66%[①]，水费成本并不是农业生产的主要支出项目，因而水费实收率降低更多不是用水户经济承受能力不足，而是心理支付意愿的降低。用水户（特别是传统农户）心理支付意愿不足源自两方面因素，一方面是惠农政策的实施造成农民对灌溉用水的公益性和福利性认知不足。2006 年，全国开始逐步取消农业税及多项涉农收费，同时，政府实施粮食直补、良种补贴、农资综合补贴和农机具购置补贴等多项补贴政策，多数农户认为农业用水属公共资源，费用理应政府负担，不应由农户缴纳；同时，税费取消后的农业水费依然沿袭原有征收方式，形式上同行政事业费用无异，许多农户对农业税免缴却仍然收取水费表示不理解和不认可。另一方面，农户对水资源价值认知有限，长期的政策宣传未形成"水是商品"的意识观念，农户不认为灌溉水应同电力、农药化肥等生产资料一样需要花钱购买。综上，"既免又补"的惠农政策导致农户对政府产生强烈的福利依赖，同时"水是商品"的观念未深入人心，导致了农户心理支付意愿逐渐降低，甚至出现抵触和拒缴的严重现象。

（六）计收方式不利于节水

我国目前农业水费普遍采用按亩收费的计收方式，农业用水量与用水价格没有直接关系，价格杠杆对资源配置并未起到调节作用。由此导致农民产生既定面积下的用水激励，即在同等灌溉面积上最大程度消耗灌溉用水，对农业节水形成了一种负向激励，田间地头普遍出现大水漫灌、超定额用水、跑水漏水等非效率用水现象，按亩计收水费的方式造成用水户普遍缺乏节水意识，造成农业用水的巨大浪费，

---

①　2016 年，三种主粮作物平均水费为 7.63 元/亩，若加上部分地区的排灌机电费用，三种主粮作物农业用水的排灌费为 23.72 元/亩，除去家庭用工折价和土地流转费用的成本费用为 456.54 元/亩。

节水工作难以开展。与此同时，尽管个别试点地区已实行按方收费，但实践过程中的水费仍采用先按亩上缴，再根据下放水量，测算平均水价，这样的按方计价对农业节水并无意义，对骨干工程效用发挥也存在着巨大制约。

二 农业用水价格调节机制不健全

(一) 供水单位政策性补贴不足

"目前农用水利工程建设和运行保障机制尚未真正建立起来，在很多灌区，农业水费是水管单位的唯一经济来源。"[①] 当前供水单位政策性补贴获取不足，供水机构不仅要承担低于成本的农业政策性水价，还要承担灌溉水利工程长期性公益性投入，全国水管单位仅能维持公益性人员基本支出，这些本应由公共财政承担的费用，却由管理单位从十分有限的水费收入中划拨，水管单位本身已难以为继，却还要承担公益性维修管护支持，客观上加剧了供水单位的经营困难，丧失水利行业自我积累和自我发展的能力。"政策性补贴无法达到商品生产的价格标准和公益性商品投入的补偿下限，使得水利工程供水生产存在严重的政策性亏损，影响了灌溉工程的正常运行和可持续发展。"[②]

(二) 政府补贴机制建立不到位

一方面，当前政府投资通常是在干渠等骨干工程上，对于支渠以下，特别是末级渠系投资力度较小，即便有小型农业水利工程建设维护投入，也多是跟随项目分配，无法满足全国小型农田水利或末级渠系的管理维护，更不必说用水设备的更新改造。另一方面，农业供水工程特别是灌溉工程承担着广大农村地区的抗旱、减灾、防洪、排涝、生态等公益性任务，相关公益性维修养护经费长期得不到公共财政的应有补偿，一是由于财政支出较为紧张，面对越来越大的公共支

---

① 陈淑青:《宁阳县农业水价综合改革探讨》,《山东水利》2017 年第 6 期。
② 李鹏:《可持续发展的农业水价理论与改革》, 硕士学位论文, 西北农林科技大学, 2008 年。

出而没有匹配的公共收入，对农业用水未能及时落实补贴政策，缺乏农业用水公共投入的积极性；二是由于"政府未能注意将应由市场和社会负担的部分从财政中分离出去，弱化了代表社会共同利益和长远利益的水利基础设施等的公共支出"①。

（三）终端计量设施缺失导致节水奖励机制实施难

终端计量设施的缺失导致农业节水奖励机制难以实施，当前，灌区斗渠以上水利工程隶属各市及灌区管理单位，供水价格也由各级主管部门制定，而末级渠系一般由基层政府或村集体经济组织管理，水价制定遵循政府指导价或协商定价。自 20 世纪 90 年代起，相关部门大力推行按方计量的终端水价制度，得到水管单位和用水农民的普遍支持，但终端水价实施前提是安装计量设备，而当前绝大多数农田水利的末级渠系缺乏计量设施，造成节水奖励机制难以实施。究其原因，一方面是农地细碎化和分散化使得终端计量设施安装到田难度大②，实施计量用水存在巨大阻碍；另一方面，供水单位自身运行已难以为继，承担如此多计量设备的费用支出更不具备现实性和操作性。因此，目前除少数水资源紧缺地区和部分试点地区实行终端计量水价制度外，大部分地区仍沿用斗渠口甚至支渠口按方计价、终端按亩平摊水费的做法，造成节水奖励机制难以运行推广。

（四）设施管护不足造成节水奖励机制运行效率低

设施管护不足严重影响了农业节水奖励机制运行效率，我国多数灌区工程始建于人民公社时期，建设标准低，配套设施不足。经过几十年的运行，许多渠系漏损严重，末级渠系状况更是堪忧，根本原因是农田水利工程管护体制不健全和权责关系不明确。具体而言，一方面是由于供水单位管护投入不足，目前农业用水价格普遍低于供水成本，水管单位运行维护经费不足，影响供水工程的正常运行，收取的

---

① 吴亚明：《加大财政支持力度促进水利建设和提高使用效益》，《水利水电技术》2007 年第 8 期。

② 以四川为例，人均不到 1 亩农田平均分布在 3—5 块土地上，1 户不到 3 亩的土地最多分散为十几块零碎小田。

水费无法完成渠系修缮和维护，中央拨款或农户集资不到位时，渠系配套建设更是缺乏资金，供水单位由于收支倒挂，渠系更新改造难以维持，管理服务不到位，使得部分渠系无法正常运行。另一方面是由于用水户对末级渠系投入维护不足。随着家庭联产承包责任制的运行，小农生产方式更多关注自身承包投资建设，缺乏对末级渠系设施管理和维护的积极性，特别是农村"两工"① 取消及农村劳动力转移以后，组织用水户维护末级渠系便更加困难，对末级渠系的维修养护投入急剧减少，造成农田水利基础设施无人管护，年久失修，严重损坏后无力修复，部分末级渠系处于瘫痪状态，设施维护不足导致用水户不愿缴纳水费，也是造成农业水费收取不足的重要诱因。此外，末级渠系产权残缺同样导致设施管护不足，"末级渠系水利设施由于没有明确的产权主体与管理主体，政府认为农田水利基础设施属于集体资产，没有义务进行维修；而同时，农民没有实际管理权利，也不承担渠系管护维修，导致工程设施有人用没人管、投入不足、管养不力，加剧了末级渠系工程设施的恶化"②，严重影响农业节水奖励机制运行效率。

第五节　本章小结

本章主要阐述我国农业用水价格机制的历史演进，分析了农业水价综合改革后，农业用水价格机制的主要进展以及仍然存在的现实问题。

首先，本章分析了我国水资源现状，梳理得出我国农业用水价格机制总体上经历了基本缺位阶段、初始建立阶段、初步优化阶段以及综合优化阶段四个历史发展阶段，而后详细探讨了不同阶段农业用水

---

① "两工"即农村义务工和劳动积累工，农村义务工主要用于防汛、义务植树、公路建勤、修缮校舍等，劳动积累工主要用于本村的农田水利基本建设和植树造林等。

② 崔海峰：《农业水价改革研究——以山东省引黄灌区为例》，硕士学位论文，山东农业大学，2015 年。

价格机制实行情况。

其次，本章提出了农业水价综合改革后，农业用水价格机制取得的主要进展，主要包括初步夯实了农业用水价格机制基础、初步健全了农业用水价格形成机制、初步完善了农业用水价格调节机制三个方面。

最后，本章梳理了当前我国农业用水价格机制存在的主要问题，包含农业用水价格形成机制残缺和农业用水价格调节机制不健全，其中农业用水价格形成机制残缺涵盖农业用水定价标准较低、供水单位水费征收成本较高、农业用水价格上涨空间有限、用水户实际支付水费较高、用水户心理支付意愿不足以及计收方式不利于节水，农业用水价格调节机制不健全包含供水单位政策性补贴不足、政府补贴机制建立不到位、终端计量设施缺失导致节水奖励机制实施难以及设施管护不足造成节水奖励机制运行效率低等。

第五章　农业用水价格机制的
　　实证研究

　　事实上，从农业水价综合改革的实际推进情况看，水资源丰富且灌溉条件优越的地区，改革动力显著不足；而在西北干旱地区，虽然改革需求强烈，但农业产出水平低下，缺乏改革的经济支撑。基于此，从全国范围看，探讨优化农业用水价格机制的重点地区基本确立为农业发展地位重要但农业用水供求矛盾突出的区域。四川省是我国水资源利用大省，同时也是我国农业大省，农业用水在四川省水资源利用中占比较大[①]，四川省水资源总体较为丰沛，但区域分布不均衡，丘陵地区及山区属于水资源供求紧张的缺水地区，灌区供水对稳定农业生产发展极为重要；而同时丘陵地区和山区作为农业重心区，在保障农产品供给方面扮演着日益重要的角色。因此，以四川省丘陵地区为研究重点，深度分析农业大省缺水地区的农业水价综合改革，探讨农业用水价格机制构建情况，能够更加真实准确地反映我国农业用水价格改革的目标需求，寻求农业用水价格机制优化构建的政策价值。

　　四川省武引灌区位于四川省丘陵地区，既是四川省农业发展重心区，又是缺水地区，作为农业水价综合改革先行区，灌区供水所覆盖的游仙区及射洪县在2014年被确立为国家级农业水价综合改革试点地区，其中游仙区被国家发改委公布的《发展改革委关于2017年度

---

　　① 根据中华人民共和国水利部2018年11月公布的《2017年中国水资源公报》，2017年，四川省水资源利用量占全国总用水量的4.4%，排名第九，同时农业用水占全省总用水量的59.8%，是名副其实的农业水资源利用大省。

农业水价综合改革工作绩效评价有关情况的通报》列为全国改革示范先行区，农业用水价格机制构建较为全面，省级确立的试点地区更是充分借鉴了武引灌区的前期改革经验。与此同时，武引灌区供水覆盖的三台县作为四川省第一批水价改革典型示范区，探索建立了农业供水成本核算监审制度，进一步完善了农业用水价格形成机制。从前期实践基础到进一步深化改革，武引灌区农业用水价格机制的构建在全国具有典型性和代表性。综合上述分析，本章选取四川省武引灌区为案例地区，基于农业用水价格机制的政治经济学分析框架，对案例地区农业用水价格机制表现形式进行实证研究。

第一节 四川省农业用水价格概况

一 四川省水资源现状

四川省位于我国西南部，土地面积48.5万平方千米，辖21个市（州），人口8595万人，其中农业人口6681万人，农业人口占比77.73%。全省地势西高东低，河流分属7个水资源二级区。2017年，四川省平均降水量941.35mm，折合降水量4558.49亿立方米，比多年平均减少3.81%，比2016年增加2.18%，属平水年，全省地表水资源量2466亿立方米，地下水资源量607.54亿立方米，与地表水资源不重复量为1.15亿立方米，水资源总量2467.15亿立方米，比多年平均减少5.67%。四川省人均水资源量地区分布不均，呈"西高东低"特征，按2017年常住人口计算，全省人均水资源量2972立方米，其中西部人均水资源量17784立方米，东部人均水资源量仅1349立方米。[①]

2017年四川省总用水量268.40亿立方米，其中，农业用水160.42亿立方米，占用水总量的59.77%；工业用水51.37亿立方米，占用水总量的19.14%；生活用水50.80亿立方米，占用水总量的18.93%；生态用水5.80亿立方米，占用水总量的2.16%。2017年，四川省人均

---

① 四川省水利厅2017年12月公布的《四川省水资源公报2017》。

综合用水量 324 立方米，万元国内生产总值（当年价）用水量 73.0 立方米，万元工业增加值用水量 44.6 立方米，城镇人均生活用水量（含公共用水）240L／d，农民居民人均生活用水量 93L／d，耕地实际灌溉亩均用水量 404 立方米，农业灌溉水有效利用系数 0.467。[①]

表 5 - 1   2017 年四川省行政分区用水量

行政分区	用水量（亿立方米）					占比情况（％）			
	农业	工业	生活	生态	总量	农业	工业	生活	生态
四川省	160.42	51.37	50.81	5.80	268.40	59.77	19.14	18.93	2.16
成都市	32.91	12.80	15.09	1.69	62.49	52.66	20.48	24.15	2.70
自贡市	4.16	1.50	1.48	0.10	7.24	57.46	20.72	20.44	1.38
攀枝花市	3.73	2.89	1.40	0.06	8.08	46.16	35.77	17.33	0.74
泸州市	6.92	2.04	2.18	0.08	11.22	61.68	18.18	19.43	0.71
德阳市	12.55	3.01	2.09	0.24	17.89	70.15	16.83	11.68	1.34
绵阳市	12.94	2.80	2.49	0.69	18.92	68.39	14.80	13.16	3.65
广元市	3.70	1.41	1.17	0.12	6.40	57.81	22.03	18.28	1.88
遂宁市	5.79	1.32	1.83	0.09	9.03	64.12	14.62	20.27	1.00
内江市	4.50	2.30	1.71	0.04	8.55	52.63	26.90	20.00	0.47
乐山市	7.64	3.39	2.28	0.56	13.87	55.08	24.44	16.44	4.04
南充市	7.80	1.81	3.90	0.10	13.61	57.31	13.30	28.66	0.73
眉山市	8.75	2.27	1.77	0.75	13.54	64.62	16.77	13.07	5.54
宜宾市	6.36	4.66	1.89	0.21	13.12	48.48	35.52	14.41	1.60
广安市	4.53	1.53	1.64	0.26	7.96	56.91	19.22	20.60	3.27
达州市	7.00	2.04	2.69	0.36	12.09	57.90	16.87	22.25	2.98
雅安市	3.57	1.56	1.07	0.13	6.33	56.40	24.64	16.90	2.05
巴中市	3.22	0.59	1.38	0.05	5.24	61.45	11.26	26.34	0.95
资阳市	5.52	1.32	1.03	0.19	8.06	68.49	16.38	12.78	2.36
阿坝州	1.15	0.23	0.71	0.02	2.11	54.50	10.90	33.65	0.95
甘孜州	1.48	0.28	0.96	0.00	2.72	54.41	10.29	35.29	0.00
凉山州	16.20	1.62	2.05	0.06	19.93	81.28	8.13	10.29	0.30

二　四川省灌溉用水定额分析

灌溉用水定额是分配用水户及用水合作组织初始水权的基础，是

---

① 四川省水利厅 2017 年 12 月公布的《四川省水资源公报 2017》。

健全农业用水价格形成机制的前提条件，"农业灌溉用水定额折算到渠首的毛灌溉用水定额（$m_毛$）可按下式计算：

$$m_毛 = m/\eta_上$$

式中：$\eta_上$——计量考核位置以上渠系水利用系数，计量考核位置不在斗口的取其实测值"[1]。

表5-2　　　　　　　　　　四川省农业灌溉用水定额[2]

行业名称	产品名称	灌溉分区	灌溉用水基准定额（m_0）（立方米/亩）	田间净灌溉用水定额（$m_净$）（立方米/亩）
（1）谷物及其他作物种植	水稻	I	420	290
		II	390	250
		III	380	230
		IV	530	320
	小麦	I	65	45
		II	60	40
		III	50	30
		IV	80	50
	玉米	I II III	60	40
		IV	110	65
	薯类	综合	55	30
	油菜	I	90	60
		II III	55	35
	花生	综合	65	40
	豆类	综合	60	40
	棉花	综合	75	50
	甘蔗	综合	80	55
	烟草	I II III	65	40
		IV	80	52
	青饲料	综合	90*	60*

----

① 王君勤：《四川省农业灌溉用水定额的修订》，《中国水利》2009年第5期。

② 数据来源于《四川省用水定额（修订稿）》（川水发〔2010〕4号），其中，四川省灌溉用水定额共分为5个区域，I区（成都平原区）、II区（盆地丘陵区）、III区（盆周山地区）、IV区（川西南山地区）及V区（川西北高山高原区）。

行业名称	产品名称	灌溉分区	灌溉用水基准定额（m_0）（立方米/亩）	田间净灌溉用水定额（$m_净$）（立方米/亩）
（2）蔬菜、园艺作物种植	蔬菜△（露地）	I	135 *	85 *
		II III	100 * 595	60 *
		IV	215 *	130 *
	大棚蔬菜△	I	200 *	130 *
		II III	150 *	90 *
		IV	350 *	210 *
	海椒	综合	40	25
	黄瓜	综合	60	40
	花菜	综合	30	20
	莴笋	综合	30	20
	洋葱	综合	60	40
	冬瓜	综合	45	25
	四季豆	综合	50	30
	花卉	综合	110 *	75 *
（3）水果、坚果、饮料和香料作物种植	水果△	综合	85 *	55 *
	苹果	综合	80 *	55 *
	梨	综合	90 *	60 *
	桃	综合	60 *	40 *
	柑橘	综合	85 *	55 *
	李子	综合	85 *	55 *
	芒果	IV	95 *	60 *
	枇杷	综合	90 *	60 *
	西瓜	综合	75	50
	葡萄	综合	95 *	65 *
	草莓	综合	100	65
	核桃	综合	40 *	25 *
	猕猴桃	综合	60 *	36 *
	茶叶	综合	150 *	100 *
（4）林木的培育种植	苗圃	综合	160 *	110 *

注：1. △指多个品种蔬菜或多种果树间作下的农业灌溉用水定额。

2. *指全年农业灌溉用水定额。

三　四川省农业用水价格机制现行状况

四川省现有耕地面积 5857 万亩，其中有效灌面 3755 万亩，高效节水灌溉面积 2209 万亩，具备健全农业水价综合改革要求的面积 950 万亩，五年内能完成改革面积约 930 万亩。农业用水价格定价机制层面，农业水价综合改革之前，四川省农业用水价格平均为 15 元/亩，其中大型灌区 35 元/亩，中型灌区 12 元/亩，小型灌区 4 元/亩，此价格自 2003 年以来未做调整。[①] 农业用水价格计收方式主要为灌溉受益田（土）按亩计收，部分大型灌区实施按量计收，在武引和都江堰灌区实行两部制水价（基本水价＋计量水价）。水费征收机制层面，一般由县、乡镇财政代收，部分灌区实行自收，有农业用水协会组织的地方，水费多由用水协会收取。2017 年之前，四川省先后在 18 个县（市、区）开展了 15 个全国和 7 个省级农业水价综合改革试点（示范）项目建设，项目覆盖灌面约 35 万亩，受益农户约 9 万户，共实现投资约 2.1 亿元，其中中央补助 6890 万元，省级财政补助 6450 万元，市、县级财政投入 2860 万元，农民投劳投资 4930 万元。[②]

2014 年，国家确立了四川省武引灌区的游仙区、射洪县和升钟灌区的阆中市、西充县及南部县，作为全国农业水价综合改革试点地区，总投资 9330 万元，2015 年 5 月五个试点县全部完成改革任务，通过了省级验收。2017 年，根据国家全面实施农业水价综合改革的计划安排，四川省扩大了试点范围，在全省 19 个市（州）（甘孜、阿坝州除外）77 个县（市、区）495 个乡镇开展农业水价综合改革，涉及 8 个大型灌区、53 个中型灌区和部分小型灌区。同时明确将全省划定的高效节水灌溉项目区全部纳入农业水价综合改革试点范围。2017 年改革灌面计划共计 382 万亩，其中大中型灌区、小型灌区和

---

① 孙小铭、尹晓东、刘静：《四川省水利工程水价改革现状与对策》，《水利经济》2014年第 1 期。

② 四川省水利厅 2017 年上报水利部《四川省 2017 年农业水价综合改革年度工作总结》以及四川省水利厅关于水价综合改革资料整理所得。

高效节水灌溉改革项目区分别为 358 万亩、24 万亩和 40 万亩。四川省项目区内新增安装计量设施 9207 套，其中改革区配套完善供水计量设施占年度计划改革面积的比例为 69%，大中型灌区骨干工程实现斗口及以下计量比例为 80%。全省已注册成立农民用水户协会5096 个，参与农户 527 万户，管理渠道 5.39 万千米，管理灌溉面积1699 万亩，占全省有效灌溉面的 41%。其中，改革区域内用水合作组织管理的灌溉面积为 315 万亩，改革区域末级渠系管理组织覆盖率达 90%。改革区域内水费平均实收率为 80% 以上。自 2008 年以来，四川省已累计投入 11.9 亿元用于农业水价综合改革，优化构建农业用水价格机制，其中中央资金投入约 4.1 亿元、省级资金投入约 3.03亿元，投入的改革资金主要用于末级渠系、计量设施配套、用水户协会能力建设、精准补贴和节水奖励。①

四 灌区基本情况分析

武都引水工程是四川省"西水东调"规划方案和"再造一个都江堰"的重要组成部分，全域灌溉绵阳市生产生活用水，"是以防洪、灌溉为主，兼具生态涵养、服务用水、环保发电等综合效应的大型骨干水利工程，灌区受益人口超过 1000 万人。武都引水工程所涉区域内人口集中、土地资源丰富，农业发达，以小麦、水稻、玉米等粮食生产为主，是四川省重要的粮油产区"②。武引灌区共分二期建设，"一期工程包括取水枢纽、总干以及沉抗囤蓄水库等，灌区范围包括绵阳市的江油市、游仙区、梓潼县、三台县、盐亭县和遂宁市的射洪县，灌溉农田 127 万亩。武都引水工程于 1988 年复工建设，至20 世纪末已建成取水枢纽，总干渠、干渠、分干渠、支渠、分支渠和斗渠在内 67 条，总长 1108.76 千米，建设电力提灌站 11 座，总装

---

① 四川省水利厅 2017 年上报水利部《四川省 2017 年农业水价综合改革年度工作总结》及四川省水利厅关于水价综合改革资料整理所得。

② 中国国际工程咨询公司：《四川武都引水工程一期工程后评价实施报告》，2001 年6 月，https://max.book118.com/html/2018/1128/7065111010001162.shtm。

表 5-3　　　　　　　　　　四川省农业用水基本情况

		工作内容		合计
总体情况	有效灌溉面积（万亩）		总计	4102①
			高效节水灌溉面积	2209
			需要优化调整种植结构的面积	563
			具备改革条件的面积	950.87②
			5年内完成改革的面积	929.61
	已实施改革面积（万亩）		总计	90.56
			高效节水灌溉面积	11.79
			粮食作物面积	63.44
			经济作物面积	15.33
	农业用水总量（万立方米）		总计	1570000
			粮食作物用水量	892500
			经济作物用水量	157500
			其他	520000
	改革资金投入（万元）		总投资（万元）	119427.77③
		来源	中央资金	40956.86
			省级资金	30337.85
			市县级及以下	29768.48
			社会资本	286.51
			农户筹资	3779.36
			农户投劳折资	13406.43
			其他	892.28
		用途	末级渠系等工程建设	62339.56
			计量设施配套建设	1673.59
			农民用水合作组织能力建设	471.23
			精准补贴	136.65
			节水奖励	58.22
			其他	54749.52④

① 四川省应实施改革的面积。
② 指工程设施完善、计量设施配套的有效灌溉面积。
③ 指2008—2016年用于开展农业水价综合改革的各项投入。
④ 其中4.5亿元暂未明确用途。

		工作内容		合计
夯实农业用水价格改革基础	计量设施配套与工程建设	已建计量设施	斗口及以下（套）	5568
			井（套）	27
		计量设施控制面积（万亩）	总计	107.73
			斗口及以下计量设施控制面积	79.11
			安装到井计量设施控制面积	4.99
			计量到户的面积	23.63
		完成改革还需配套计量设施	斗口及以下（套）	293515
			井（套）	39523
			平均每套资金需求（元）	21000
		末级渠系工程	已建末级渠系（千米）	
			完成改革还需补充完善的末级渠系（千米）	58064.62
			平均每千米资金需求（元）	211000
	农业水权制度	农业用水总量控制指标（万立方米）		
		农业灌溉综合定额（立方米/亩）	总计	460
			粮食作物（水稻）	310—600
			经济作物（蔬菜）	70—270
		农业水权分配的最低层级		用水协会
		农业水权分配总水量（万立方米）		280386
		水权交易量（万立方米）		9893.63
		水权回购量（万立方米）		1398.87
	农业供水管理	灌区管理单位数量（个）		1053
		完成分类改革（个）		286
		两费落实率		人员基本支出73%，工程维修养护经费支出27%
		水费收入（万元）		38437
		财政补助收入（万元）		108217
		运行维护经济缺口（万元）		23604

	工作内容		合计
夯实农业用水价格改革基础	规范农民用水管理	现有用水合作组织（农民用水户协会）（个）	5096
		农民用水合作组织管理的灌溉面积（万亩）	1699
		其他主体管理的灌溉面积（万亩）	2403
		农民用水合作组织的水费收入（万元）	2705
		农民用水合作组织运营经费（万元）	12771
		完成改革还需新建用水合作组织（个）	3978
	小型水利工程管理体制改革	小型农田水利工程数量（处）	1130000
		已明确工程产权主体的数量（处）	1025000
		颁发产权证或签订管护责任书的数量（个）	970000
		完成改革还需明晰产权的工程数量（处）	160000
		平均管护运行经费（万元）	—
精准补贴和节水奖励	落实精准补贴资金规模（万元）	总计	1427.15
		补贴水管单位运行维护经费	1513.6
		补贴用水合作组织管护经费	59.75
		补贴种粮农户定额内水费	63
		补贴其他对象	151.4
	精准补贴资金来源		中央、省级、市区（县）
	是否出台精准补贴政策		是
	节水奖励资金来源		中央、省级、市区（县）
	是否出台节水奖励政策		是
保障措施	建立领导小组或联席会议制度		是
	制订年度实施计划		是
	是否有宣传引导		是

机 5801 千瓦时，沉抗水库风化泥岩心墙石渣坝最大坝高 55 米，总库容 9820 万立方米"[1]。目前，一期灌区工程和武都水库已完成建设，

---

[1]　中国国际工程咨询公司：《四川武都引水工程一期工程后评价实施报告》，2001 年 6 月，https：//max. book118. com/html/2018/1128/7065111010001162. shtm。

本书主要以武引灌区一期为典型灌区加以分析，其中涵盖四川省第一轮农业水价综合改革试点地区（游仙区、射洪县）及第二轮典型县（三台县）的主要经营成本测算，以及超额累进加价制度等研究内容。用水定额分配情况，根据上述《四川省用水定额（修订稿）》农业用水分区表，武引灌区的试点地区均属于Ⅱ区，具体种植作物的用水定额详见上文分配表（以水稻为例，Ⅱ区的农业用水基准定额为390立方米/亩，田间净灌溉用水定额为250立方米/亩）。

2017年，武引灌区将绵阳市游仙区、三台县，遂宁市射洪县作为农业水价综合改革典型地区，其中游仙区和射洪县是基于前期改革基础扩大改革范围，三台县作为武引灌区第二轮四川省改革重点县。改革范围情况，游仙武引灌区增加15.8万亩，射洪武引灌区与人民渠灌区增加17.7万亩，三台武引灌区与人民渠灌区改革13.03万亩，总批复投资4168.92万元，实际完成投资4246.88万元。改革期间，项目区大力开展农毛渠建设，实现渠道设施全配套、计量设施全配套，配套完善水位与流量关系图表、水标尺，实现计量全覆盖，据统计项目区共计新建渠道43.1千米，硬化渠道128.816千米，受益人口9.3909万人，新增和恢复灌面5.428万亩，缩短灌溉时间5—10天；灌溉用水保证率由70%提高到85%，共计建立和新注册农民用水户协会24个，发动群众投工投劳，规范协会管理，开展一事一议，公开水量、水价，水费收取率达100%，农业用水价格平均由原来38元/亩降低到34.7元/亩。[①]

第二节 农业用水价格形成机制的实证研究

四川省农业供水终端价格由骨干工程供水价格和末级渠系供水价格两部分组成，为贯彻落实国务院办公厅《关于推进农业水价综

---

① 四川省水利厅2017年上报水利部《四川省2017年农业水价综合改革年度工作总结》及四川省水利厅关于水价综合改革资料整理所得。

合改革的意见》、国家发展改革委等五部委《关于扎实推进农业水价综合改革的通知》（发改价格〔2017〕1080号）和《四川省推进农业水价综合改革实施方案》，按照四川省发展改革委《关于制定四川省绵阳武都引水工程灌区农业水价综合改革试点项目区农业用水价格的通知》（川发改价格〔2015〕395号）、《关于加快建立健全农业用水价格形成机制的通知》（川发改价格〔2017〕455号）有关规定，结合武都引水工程灌区农业水价综合改革试点情况，实现农业用水价格逐步达到运行维护成本水平和实行分级分类分档定价机制。

一 农业用水分级定价机制

武都引水工程灌区对于已实施农业水价综合改革且供水计量设施齐备的地区，实行农业用水分级定价机制。具体而言，农业用水采用终端供水价格，由农业用水骨干工程供水价格和末级渠系供水价格两部分组成，其中骨干工程供水价格为0.12元/立方米和0.13元/立方米，末级渠系供水价格为0.05元/立方米和0.07元/立方米。[①] 农业水费征收主体由国管水利工程管理单位和农民用水户协会分别负责，武都引水工程建设管理局按经过计量供水量和核定的骨干工程水价标准，向灌区内用水协会收取水费；农民用水户协会负责按供水量和终端水价标准向用水户收取水费，收取时间为每年6月底前和11月底前。

二 农业用水分类定价机制

武都引水工程灌区对于已实施农业水价综合改革且供水计量设施齐备的地区，实行农业用水分类定价，以农业水费占农作物亩均产值的8%—10%，农业水费占农作物亩均净收益的10%—15%作

---

① 四川省发改委：《四川省发展和改革委员会关于核定武都引水工程灌区农业用水供水价格的通知》，2017年11月9日，https://www.pkulaw.com/lar/2c598fefea0ea8519224a64cc6570029bdfb.html。

为用水户承载力的测算标准；种植结构分为粮食作物及经济作物两种类型。灌溉用水定额采用亩均产值、亩成本、亩均纯收益和复种指数综合确定，各种作物的成本、收入经调查统计，结合省市水务部门相关数据综合确定，总体上，粮食作物用水价格低于经济作物用水价格。具体而言，用水定额内，武引灌区对粮食作物和经济作物实行农业用水分类定价，小麦、玉米、油菜等粮油作物的用水价格为 0.12 元/立方米（骨干工程供水价格）和 0.05 元/立方米（末级渠系供水价格）；经济作物、设施作物和其他作物用水的农业用水价格实行 0.13 元/立方米（骨干工程供水价格）和 0.07 元/立方米（末级渠系供水价格）。

三 农业用水分档定价机制

武都引水工程灌区农业供水终端价格实行超定额用水累进加价制度，即农业灌溉用水超过灌溉定额用量，对超定额部分加价收缴水费，不同超定额用量实行分档加价。具体而言，"超过定额水量10%以内的，对超额水量实行原水价基础上每方加价0.02元；超过定额水量10%以上的，10%之内超额水量每方加价0.02元、超出10%部分每方加价0.04元，加价收入由国管水利工程和末级渠系工程对半分成"[1]。灌区内不同区域可依据自身农作物结构及用水定额自行调整超额累进加价收费标准。如遂宁市射洪县，在灌区超额累进加价制度下细化了加价征收标准，即在用水量超过定额10%—20%的用水量加收0.01元/立方米，超过20%—30%的用水量加收0.02元/立方米，超过30%—40%的用水量加收0.03元/立方米，超过50%以上的用水量加收0.04元/立方米。[2]

---

① 四川省发改委：《四川省发展和改革委员会关于核定武都引水工程灌区农业用水供水价格的通知》，2017 年 11 月 9 日，https://www.pkulaw.com/lar/2c598fefea0ea8519224a64cc6570029bdfb.html。

② 绵阳市武引管理局 2017 年上报四川省水利厅《2017 年绵阳市武引管理局关于农业水价综合改革情况的汇报》。

表 5－4　　　　　　　　　　　三台县农业用水基本情况

		工作内容		情况
总体情况	有效灌溉面积（万亩）	总计		79.81
		粮食作物面积		75.82
		经济作物面积		3.99
		高效节水灌溉面积		
		需要优化调整种植结构的面积		
		具备改革条件的面积		66
		3—5 年内完成改革的面积		40
		预计完成全部改革任务的年份		2025
	已实施改革面积（万亩）	总计		
		高效节水灌溉面积		
		粮食作物面积		
		经济作物面积		
	农业用水总量（万立方米）	总计		24000
		粮食作物用水量		22300
		经济作物用水量		1700
		其他		
	改革资金投入（万元）	总投资（万元）		1200
		用途	末级渠系等工程建设	1200
夯实农业用水价格改革基础	计量设施配套与工程建设	已建计量设施	斗口及以下（套）	35
			井（套）	
		计量设施控制面积（万亩）	斗口及以下计量设施控制面积	13
		完成改革还需配套计量设施	斗口及以下（套）	600
			井（套）	
			平均每套资金需求（元）	12000
		末级渠系工程	已建末级渠系（千米）	6179
			完成改革还需补充完善的末级渠系（千米）	3500
			平均每千米资金需求（元）	350000

续表

工作内容			情况
夯实农业用水价格改革基础	农业水权制度	农业用水总量控制指标（万立方米）	31000
		农业灌溉综合定额（方/亩） 粮食作物综合定额	250
		经济作物综合定额	120
		农业水权分配的最低层级	农村集体经济组织 农民用水合作组织
		农业水权分配总水量（万立方米）　发文	20000
	农业供水管理	灌区管理单位数量（个）	5
		两费落实率（%）	80
		运行维护经费缺口（万元）	1000
	规范农民用水管理	现有用水合作组织 农民用水合作社（个）	
		农民用水户协会（个）	181
		农民用水合作组织管理的灌溉面积（万亩）	28
		其他主体管理的灌溉面积（万亩）	
	小型水利工程管理体制改革	小型农田水利工程数量（处）	30000
		已明确工程产权主体的数量（处）	24000
		颁发产权证或签订管护责任书的数量（个）	240000
		完成改革还需明晰产权的工程数量（处）	6000
		平均管护运行经费（万元）	1.2
建立健全农业用水价格机制	价格管理	是否出台水价办法	县委县政府
		大中型灌区骨干工程	省发改
		大中型灌区末级渠系和小型灌区	县发改
		平均运行维护成本 小型灌区	0.14
		农业平均水价 大中型灌区骨干工程	0.13
保障措施		建立县级领导小组或联席会议制度	三府办〔2017〕55号
		牵头负责部门	县发改
		有无改革年度实施计划	有
		有无宣传引导	有

四 "成本导向"构成机理的实证分析

保障灌区经营效益是农业用水价格形成机制的前提条件，对灌区供水成本进行监测，分析农业水价综合改革后的农业用水价格形成机制是否符合"成本导向"的内在构成机理，对判断现行农业用水价格机制可行性具有重要作用。武引灌区三台县作为 2017 年四川省农业水价综合改革的典型试点县，按照健全农业用水价格形成机制的目标，对县域范围的末级渠系供水成本进行监测，按照"水价逐步提高到运行维护成本"的要求，实行分级分类分档水价，在用水定额内，实行粮油作物终端供水价格 0.17 元/立方米（骨干工程供水价格＋末级渠系供水价格），经济作物、设施作物和其他作物执行终端供水价格 0.20 元/立方米（骨干工程供水价格＋末级渠系供水价格），通过政府引导、业主运作、群众参与，调整优化种植结构，积极推广农业节水技术，促进农业用水价格逐步提高到运行维护成本。

2017 年，三台县测算了 23 个乡镇末级渠系用水量及供水成本，调查显示，三台县 2017 年总供水量 4047 万立方米，供水成本 6049900 元，其中水务人员工资及补助等劳务费 4608000 元，设施设备维护修理费 1250000 元，办公费 47800 元，会议费 96100 元，差旅费 48000 元，运行维护成本折算成农业用水为 0.15 元/立方米。[①]

表 5－5　　　　　　　三台县末级渠系成本测算表

乡镇	村（个）	总供水量（万立方米）	灌面（亩）	定额（立方米/亩）	供水成本（元）	劳务费（元）	维护费（元）	办公费（元）	会议费（元）	差旅费（元）
合计	239	4047	127025	319	6049900	4608000	1250000	47800	96100	48000
龙树镇	17	395	12770	309	487020	345600	129320	3400	5100	3600
塔山镇	25	560	14798	378	647360	480000	149860	5000	7500	5000
柳池镇	7	160	4778	335	187700	134400	48400	1400	2100	1400

① 三台县武引灌区管理局提供的成本核算调查资料，部分数据经整理计算所得。

续表

乡镇	村（个）	总供水量（万立方米）	灌面（亩）	定额（立方米/亩）	供水成本（元）	劳务费（元）	维护费（元）	办公费（元）	会议费（元）	差旅费（元）
双胜乡	7	165	5321	310	193200	134400	53900	1400	2100	1400
忠孝乡	5	50	2145	233	121200	96000	21700	1000	1500	1000
建设镇	10	230	6054	380	260300	192000	61300	2000	3000	2000
永明镇	5	140	4208	333	142100	96000	42600	1000	1500	1000
中太镇	21	495	15352	322	573400	403200	155500	4200	6300	4200
光辉镇	9	199	6439	309	268700	172800	65200	1800	27100	1800
花园镇	1	3	780	38.5	27790	19200	7890	200	300	200
三元镇	20	310	9236	336	448500	384000	50500	4000	6000	4000
秋林镇	13	245	7993	306	321900	249600	63200	2600	3900	2600
金鼓乡	13	190	5310	358	311600	249600	52900	2600	3900	2600
高堰乡	9	190	5240	363	242400	172800	63300	1800	2700	1800
富顺镇	22	150	4726	317	498300	422400	60500	4400	6600	4400
石安镇	22	330	10560	313	506300	422400	68500	4400	6600	4400
永新镇	11	125	3993	313	248900	211200	30000	2200	3300	2200
东塔镇	5	30	4783	62.7	149000	96000	49500	1000	1500	1000
北顷镇	2	6	435	138	69800	38400	30000	400	600	400
老马乡	4	21	520	404	99600	76800	20000	800	1200	800
里程乡	5	25	730	342	122100	96000	22500	1000	1500	1000
争胜乡	3	19	614	309	60700	57600	1000	600	900	600
新德镇	3	9	240	375	62130	57600	2430	600	900	600

　　比较两种成本测算水价方法，可以看到，2017 年，武引灌区三台县末级渠系全成本水价为 0.45 元/立方米，末级运行维护成本为 0.15 元/立方米；两部制水价的基本水价为 0.28 元/立方米，计量水价为 0.44 元/立方米。研究表明，三台县执行的农业终端供水价格（粮食作物灌溉用水价格为 0.17 元/立方米、经济作物灌溉用水价格为 0.2 元/立方米），已达到三台县末级渠系运行维护成本，农业用水价格形成机制符合"成本导向"的内在构成机理，农业水费能够满

足末级渠系运行维护的日常支出。然而，现行农业用水价格形成机制仍未达到末级渠系全成本水平，农业供水总体上仍面临入不敷出、收不抵支的现实困境。

表5-6　　　　　　　　　三台县两种水价测算方法比较

测算方法	项目		数值
测算方法	终端供水量（万立方米）		4047
全成本与运行维护成本水价	末级渠系全成本费用（万元）		1804.99
全成本与运行维护成本水价	全成本水价（元/立方米）		0.57
全成本与运行维护成本水价	末级运行维护成本费用（万元）		604.99
全成本与运行维护成本水价	运行维护成本水价（元/立方米）		0.27
两部制水价	基本水价（元/立方米）		0.28
两部制水价	计量水价（元/立方米）		0.44
终端水价	粮食作物	骨干工程水价（元/立方米）	0.12
终端水价	粮食作物	末级渠系水价（元/立方米）	0.05
终端水价	经济作物	骨干工程水价（元/立方米）	0.13
终端水价	经济作物	末级渠系水价（元/立方米）	0.07

五　"支付可行"构成机理的实证分析

本部分将用水户承载力支付分为实际支付能力和心理支付意愿两个维度加以研究，对武引灌区游仙区、射洪县和三台县的用水户承载力支付进行实证分析，研究用水户实际支付能力，研判执行水价是否符合用水户（尤其是传统农户）承受能力；分析用水户心理支付意愿研究用水户的心理参照点，科学分析农业用水价格制定的弹性区间，从而综合判断当前农业用水价格形成机制是否符合"支付可行"的内在构成机理。

（一）用水户实际支付能力分析

用水户作为农业用水价格的承担主体，其实际支付能力是农业用水价格改革与精准补贴政策制定中必须考虑的重要因素。"农业用水价格标准的核定与水费计收需要分析农民用水户的承受能力，水价调整的幅度应在其可承受的范围之内。"[1] 农业水费是农业生产的成本之一，"农民用水户的承受能力可以通过调查农户农业投入产出情况，计算农业水费占农业生产成本、产值、净收益的比例等指标值来进行分析"[2]。本书首先对武引灌区试点地区的农业投入产出现状进行数据调查，按照水费适宜比例分析用水户的实际承受能力。

游仙区辖 22 个乡（镇、街道），总人口 55.77 万人，农村人口 25.29 万人，城镇化率约为 53.3%。耕地面积 37.4 万亩，基本农田 47 万亩。2017 年游仙区林农牧渔业总产值 51.54 亿元，同比增长 3.9%。农民可支配收入 15770 元，同比增长 9.2%。游仙区农作物总播种面积 56867 公顷，同比增长 0.2%，其中粮食作物播种面积 35530 公顷，同比下降 0.03%。全年粮食产量 224441 吨，同比增长 0.1%，其中小春粮食产量 49205 吨，下降 0.02%；大春粮食产量 175236 吨，增长 0.1%。主要农产品中，小麦产量 39849 吨，增长 0.1%；稻谷产量 127928 吨，增长 0.2%；油料产量 35641 吨，增长 1.1%；蔬菜产量 202513 吨，增长 2.9%。项目区农业水价综合改革以来，全区农业水费成本降低 40%，节水量达 1423.81 万立方米。新增粮食产量 267.02 万公斤，农民人均增收 96.45 元。[3]

2017 年，射洪县总人口 97.24 万人，城镇化率 50.2%，三产增加值占 GDP 比重为 12.4∶52.6∶35。农民人均可支配收入 14217 元，增长 9.4%，其中，工资性收入 3212 元，经营净收入 4030 元，财产净收入 362 元，转移净收入 6612 元。耕地面积 4.12 万公顷，有效灌溉面积 3.32 万公顷。射洪县农业总产值 34.02 亿元，增长 4.5%。全年农作物播种面积 10.76 万公顷，增长 0.3%，其中粮食

---

① 田元君：《山东省引黄灌区农业水价研究》，硕士学位论文，山东大学，2010 年。
② 尹越、陈菁、施红怡等：《基于能值理论与稻田灌溉多功能性农业用水价格机制分析》，《排灌机械工程学报》2017 年第 11 期。
③ 游仙区人民政府：《游仙区 2017 年国民经济和社会发展统计公报》，2018 年 4 月 16 日，http://www.youxian.gov.cn/show/2018/04/16/22813.html，部分数据整理计算所得。

作物播种面积 8.46 万公顷，增长 0.6%。全年粮食产量 44.36 万吨，增产 0.43 万吨，增长 1.0%，其中，水稻产量 10.54 万吨，增长 0.3%。[①]

2017 年，三台县户籍人口 142.37 万人，其中农业人口 121.95 万人。农村居民人均可支配收入 14294 元，增长 9.1%。城镇化率 35.6%。三次产业增加值占 GDP 比重为 32∶27.6∶40.4。2017 年，三台县实现农业总产值 136.85 亿元，比上年增长 4.1%，其中，农、林、牧、渔业分别实现产值 71.62 亿元、3.83 亿元、53.32 亿元、4.88 亿元，分别增长 5.6%、9.1%、1.1%、7.7%。全年实现粮食总产 74.56 万吨，较上年增加 0.28 万吨，增长 0.4%，其中小春粮食 18.27 万吨，增长 0.5%；大春粮食 56.29 万吨，增长 0.3%。油料总产 12.04 万吨，比上年增长 0.2%。2017 年，三台县耕地面积 7.93 万公顷，水利工程 21095 处，蓄引提水能力 67137 万立方米，有排灌动力机械 6272 台，耕地有效灌溉面积 7.28 万公顷。[②]

研究表明，亩均水费占亩均产值 5%—10% 比较合理，从样本地区农业用水价格占作物产值比例来看，三个地区平均粮食作物亩产值为 1141.57 元，粮食作物亩均用水 34.7 元，现行终端水价平均占三个地区平均粮食作物产值的 3.04%；三个地区平均经济作物亩产值为 4771.92 元，经济作物亩均用水 80.2 元，占经济作物产值的 1.68%，均在用水户可承受范围内。同时，按照亩均水费占亩均产值 10% 的承受上限计算，用水户粮食作物水价承受上限应为 0.38 元/立方米，经济作物水价承受上限应为 1.19 元/立方米。

---

① 射洪县人民政府：《2017 年射洪县国民经济和社会发展统计公报》，2018 年 5 月 9 日，http：//www. shehong. gov. cn/xxgk/tjxx/ndsj/201805/t20180509 _ 151413. html，部分数据整理计算所得。

② 三台县人民政府：《三台县 2017 年国民经济和社会发展统计公报》，2018 年 4 月 18 日，http：//www. santai. gov. cn/site/santai/681/info/2018/121282. html，部分数据整理计算所得。

表5-7　　　　　农业用水价格占不同作物的产值比重

	粮食作物		经济作物	
	作物产值（元/亩）	水价占比（%）	作物产值（元/亩）	水价占比（%）
合计	1141.57	3.04	4771.92	1.68
游仙区	1080.21	3.21	4823.44	1.66
射洪县	1163.46	2.98	4745.15	1.68
三台县	1181.04	2.94	4747.17	1.68

（二）用水户心理支付意愿分析

基于行为经济学的心理参照理论，对项目区用水户的农业用水价格心理决策进行调查研究，分析其心理参照点水价与现实水价的差别情况。本书对项目区87名用水户进行了主观水价意愿调查，其中粮食作物用水户52户，经济作物用水户35户，具体分析情况如表5-8所示。

表5-8　　　　用水户农业用水价格支付的主观偏好调查

类别	内容	频次（户）	比例（%）	平均心理参照点水价（元/立方米）
粮食作物	总 计	52	100	0.16
	执行水价＞心理参照点水价	22	42.3	0.15
	执行水价＝心理参照点水价	26	50	0.17
	执行水价＜心理参照点水价	4	7.7	0.20
经济作物	总 计	35	100	0.20
	执行水价＞心理参照点水价	18	51.4	0.17
	执行水价＝心理参照点水价	10	28.6	0.20
	执行水价＜心理参照点水价	7	20	0.30

从调查结果来看，粮食作物有57.7%的用水户认为现行的农业用水价格较为合理，对现行水价表示满意，而有42.3%的用水户表示当前水价较高，他们的平均心理参照点水价为0.15元/立方米，这个心理参照点水价较实际水价仅低0.02元/立方米，因此用水户对现行水价总体上较为支持。经济作物方面，有48.6%的用水户认为现行水价较为合理。其中我们可以看到，由于经济作物收益较高，用水户

具有更高的心理参照点，接受更高水价用水户的比例是粮食作物的一倍还多，另外，经济作物用水户希望同粮食作物收取一样水价的占到51.4%，但进一步询问其对粮食作物和经济作物分类收取水价的方式，以及现行经济作物水价的满意程度时，大部分用水户仍表示分类实行水价比较合理，对执行水价比较满意。综上，研究表明，现行农业用水价格形成机制既符合用水户实际支付能力，又与用水户心理支付参照点较为契合，符合"支付可行"的农业用水价格形成机制构成机理。

第三节　农业用水价格调节机制的实证研究

农业节水是农业可持续发展的重要保障，从实践来看，武引灌区农业用水价格调节机制促进了农业节水，其中，游仙灌区共节约400万立方米农业用水，射洪灌区共节约244.3万立方米农业用水，亩均节水59.3立方米。[①]

一　农业用水价格补贴机制

武引灌区项目区（县）均建立了农业用水价格补贴机制，灌区整体提高了农业用水价格定价标准，使项目区农业用水价格提高到末级渠系运行维护成本水平，同时按照不增加用水户经济负担的要求建立了农业用水价格补贴机制，同时调整补贴对象，将原补贴到供水单位的资金费用调整到补贴用水户。这样"一提，一调"的补贴机制使得武引灌区农业用水价格逐步达到市场运行价格水平，同时兼顾了用水户支付能力，获得用水户的普遍认可，补贴机制总体较为完善。具体而言，武引灌区的游仙区、射洪县、三台县均出台了《关于明确农业水价综合改革试点精准补贴标准的通知》，游仙区按0.05元/立方

---

① 四川省水利厅2017年上报水利部《四川省2017年农业水价综合改革年度工作总结》以及四川省水利厅关于水价综合改革资料整理所得。

米补贴标准对粮食作物实施精准补贴，将补贴落实到用水户协会，再由协会分配到具体用水户手中；同时，游仙区区级财政将渠道维修养护补贴按每年每公里 500 元补贴到农民用水户协会。射洪县建立了农业用水精准补贴机制，总投资 48 万元，按照标准 0.05 元/立方米补贴到农民用水合作组织。[①]

二 农业节水奖励机制

武引灌区项目区建立了农业节水奖励机制，各地区根据自身经济发展水平及农业产业用水情况，因地制宜制定节水奖励标准，激励农业用水户节水行为。具体而言，项目区均出台了《关于明确农业水价综合改革试点项目区节水奖励标准的通知》，其中，"游仙区对计划用水量在 50 立方米以内的按 0.02 元/立方米进行奖励，节约计划用水量在 50 立方米以上的按 0.04 元/立方米进行奖励，同时，按照'协会申报、联合审核、张榜公示、审批拨付、抽样复核'程序，公示十天无异议后，由农业用水合作组织协会将奖励资金直接发放到用水户手中，促进农业节水奖励机制落实到位"[②]。

三 "补贴精准"构成机理的实证分析

以游仙区为例，按照前期不同作物用水定额分配情况，游仙区正常年份粮食作物水费平均为 51 元/亩，对粮食作物实行 0.05 元/立方米的精准补贴后，正常年份的粮食作物补贴平均为 15 元/亩，相应的粮食作物用水户平均支付农业水费为 36 元/亩，由此，提高农业用水价格标准并没有增加用水户支付负担，在不增加用水户成本的同时，既降低了用水户成本，又促进了农业节水。综上，农业用水价格补贴机制的建立使得灌区农业用水价格在回归市场价格水平的同时，充分

---

① 羊军：《绵阳市游仙区 2014 年农业水价综合改革初探》，《农家科技》2016 年第 3 期。

② 羊军：《绵阳市游仙区 2014 年农业水价综合改革初探》，《农家科技》2016 年第 3 期。

兼顾用水户支付能力，对用水户进行了精准补贴，促进农业用水价格补贴机制的不断完善。由此表明，现行农业用水价格调节机制符合"补贴精准"的内在构成机理。

表 5-9　　　　　　　　　　游仙区农业用水价格补贴机制

作物类型	具体类型	前期水价	现行水价	水价补贴标准	用水户最终承担水价
粮食作物	水稻	38 元/亩	51 元/亩	15 元/亩	36 元/亩
	其他作物	38 元/亩	10.2 元/亩	3 元/亩	7.2 元/亩
经济作物	蔬菜	38 元/亩	80 元/亩	—	80 元/亩
	其他作物	38 元/亩	40 元/亩	—	40 元/亩

四　"节水激励"构成机理的实证分析

以游仙区为例，按照不同节水标准，游仙区给予用水户不同的奖励条件，节水量越高，节水奖励标准和奖励总额越高。对计划用水量在 50 立方米以内的，按 0.02 元/立方米进行奖励；节约计划用水量在 50 立方米以上的，按 0.04 元/立方米进行奖励；对节约灌溉用水 50 立方米以上的用水户，亩均降低 0.5 元的灌溉水费。节水奖励机制的建立激励了用水户不断减少不合理的农业用水，培养了用水户节水意识，实现农业生产的合理灌溉。综上，农业节水奖励机制激励了用水户节水行为，培养了用水户节水意识，同时有利于引导用水户调整种植结构，创新运用节水技术，实现了农业节水，促进了农业可持续发展。由此表明，灌区现行的农业用水价格调节机制符合"节水激励"的内在构成机理。

表 5-10　　　　　　　　　　游仙区农业节水奖励机制

	节约水量（立方米）	节水奖励标准（元）	作物类型	用水户最终承担水价
假设 1	30（<50 立方米）	0.02	粮食作物	0.15 元/立方米
			经济作物	0.18 元/立方米

	节约水量 （立方米）	节水奖励标准 （元）	作物类型	用水户最终承担水价
假设2	80 （>50 立方米）	0.04	粮食作物	0.13 元/立方米
			经济作物	0.16 元/立方米

第四节　农业用水价格机制构成机理的实证研究

　　基于农业用水价格机制的政治经济学分析框架，通过市场及政府影响维度，对农业用水价格形成机制以及农业用水价格调节机制进行实证分析，研究得出，科学合理的农业用水价格机制应当符合"成本导向、支付可行、补贴精准、节水激励"四位一体科学合理的内在构成机理，以灌区成本经营为基础，以用水户承载力为前提，以调节供求均衡为手段，以农业可持续发展为目标，农业用水价格机制应兼顾灌区、用水户、政府三方主体利益，通过合理的利益均衡，推动实现"灌区可运营、用水户可利用、水资源可持续"。

　　可以看到，武引灌区粮食作物现行终端供水执行水价为 0.17 元/立方米，已达到末级渠系运行维护成本，但低于末级渠系全成本水价及两部制水价；现行执行水价低于用水户实际承受上限，略高于其心理支付意愿价格，易被粮食作物种植户所接受；现行精准补贴节水奖励及机制的构建较为合理，用水户较为支持。

表 5－11　　　　　　粮食作物农业用水价格机制评价

构成机理	内容	期望水价 （元/立方米）	执行水价 （元/立方米）	评价
"成本导向"	末级全成本水价	0.45	0.17	低于末级全成本水价
	末级运行成本水价	0.15	0.17	高于末级运行维护成本水价
	两部制基本水价	0.28	0.17	低于两部制基本水价
	两部制计量水价	0.44	0.17	低于两部制计量水价
"支付可行"	实际支付能力	0.38	0.17	低于用水户实际支付能力
	心理支付意愿	0.16	0.17	略高于用水户心理支付意愿

续表

构成机理	内容	期望水价 (元/立方米)	执行水价 (元/立方米)	评价
"补贴精准"	价格补贴机制	—	0.05	用水户支持
"节水激励"	节水奖励机制	—	0.01—0.04	用水户支持

　　与此同时，武引灌区经济作物现行终端供水执行水价为 0.2 元/立方米，已达到末级渠系运行维护成本，但低于末级渠系全成本水价及两部制水价；现行执行水价远低于用水户实际承受上限，等于其心理支付意愿价格，被经济作物种植户接受，提高经济作物农业用水价格的空间较大；现行精准补贴节水奖励及机制的构建较为合理，用水户较为支持。

表 5-12　　　　　　　　经济作物农业用水价格机制评价

构成机理	内容	期望水价 (元/立方米)	执行水价 (元/立方米)	评价
"成本导向"	末级全成本水价	0.45	0.2	低于末级全成本水价
	末级运行成本水价	0.15	0.2	高于末级运行维护成本水价
	两部制基本水价	0.28	0.2	低于两部制基本水价
	两部制计量水价	0.44	0.2	低于两部制计量水价
"支付可行"	实际承受上限	1.11	0.2	远低于用水户实际支付上限
	心理支付意愿	0.2	0.2	等于用水户心理支付意愿
"补贴精准"	价格补贴机制	—	0.05	经济作物实行精准补贴的试点地区用水户较为支持
"节水激励"	节水奖励机制	—	0.01—0.04	用水户支持

　　与此同时，本书研究发现，灌区现行的农业用水价格机制仍面临一些局限性问题：一是供给维度下的农业用水价格形成机制仍存在成本核算体系不健全、市场运行能力薄弱等问题，成本监测过程中对成本核算内容需要进一步明确和细化。二是需求维度下的农业用水价格形成机制仍存在用水户实际参与程度较低等问题，多数末级渠系执行

水价由政府直接定价，缺乏组织用水户参与价格听证及意见征询环节，即便实际水价在其可承受范围内也容易造成心理抵触。三是政府维度下的农业用水价格调节机制仍存在节水力度总体较低、节水激励不足等问题，实践中的节水效应离理想节水目标仍存在一定差距。综上，这些局限性问题仍需通过合理优化农业用水价格机制加以解决。

第五节 本章小结

基于农业用水价格机制的政治经济学分析框架，本章对农业用水价格机制表现形式进行实证分析，以四川省武引灌区为案例，系统分析实践过程中的农业用水价格机制是否符合理论层面的内在构成机理。

首先，本章介绍了四川省农业用水价格现状，包含四川省水资源现状、灌溉用水定额分析、农业用水价格机制情况以及灌区基本情况分析等内容，对四川省农业用水价格机制现行状况进行分析。

其次，本章阐述了案例灌区现行农业用水分级定价机制、分类定价机制和分档定价机制，总体上灌区实行骨干工程粮食作物供水价格 0.12 元/立方米、骨干工程经济作物供水价格 0.13 元/立方米、末级渠系粮食作物供水价格 0.05/立方米，末级渠系经济作物供水价格 0.07 元/立方米的农业用水价格形成机制。基于此，通过实证分析研究得出，农业用水价格形成机制总体符合"成本导向"及"支付可行"的构成机理。

再次，本章对灌区农业用水价格补贴机制以及农业节水奖励机制进行了实证分析，研究得出，农业水价综合改革后，农业用水价格调节机制总体符合"补贴精准"和"节水激励"的构成机理。

最后，本章基于农业用水价格机制的政治经济学分析框架，基于供给维度、需求维度和政府维度，对农业用水价格形成机制及价格调节机制进行实证分析，研究得出，科学合理的农业用水价格机制应当符合"成本导向、支付可行、补贴精准、节水激励"四位一体科学合理的内在构成机理，以灌区成本经营为基础，以用水户承载力为前提，以调节供求均衡为手段，以农业可持续发展为目标，农业用水价格机制应兼顾灌区、用水户、政府三方主体利益，通过合理的利益均衡，推动实现"灌区可运营、用水户可利用、水资源可持续"。

第六章　农业用水价格机制改革的效应评价

为进一步优化我国农业用水价格机制，对现行农业用水价格机制进行科学合理的效应评价是十分必要的。从根本上看，农业用水价格机制的效应评价既是合理构建并完善农业用水价格机制的基础和依据，也是保证农业水价综合改革实现预期目标的关键环节。因此，本章重点对农业用水价格机制改革前后进行效应评价，基于国务院办公厅《关于推进农业水价综合改革的意见》以及国家发改委等五部门《农业水价综合改革工作绩效评价办法》等政策文件，结合我国农业水价综合改革的现实特征和实际进展，借鉴效应评价指标体系的相关研究成果，本章构建了农业用水价格机制改革效应评价指标体系，从节水效应、经济效应、社会效应、生态效应和政策效应五个方面，深入分析农业水价综合改革前后农业用水价格机制变动效应，得出评价结论，促进我国农业用水价格机制进一步优化。

第一节　农业用水价格机制改革效应评价的指标体系构建

综合评价主要用于多因素决策当中，指标是评价的核心依据，而客观全面地进行农业用水价格机制效应评价需要建立综合评价指标，"综合评价方法包含专家打分综合法、数据包络分析法、层次分析法、人工神经网络评价法、灰色综合评价法等"①。为正确反映农业水价综合改革前后农业用水价格机制的评价内容和评价目的，结合农业用水价格机制构建目标和成效，同时兼顾算法复杂性及数据准确性，本书采用层次分析法（AHP）和模糊综合评判相结合的混合评价方法。

一 评价方法

本书采用层次分析法和模糊综合评判法相结合的混合评价方法，对农业用水价格机制进行效应评价，总体反映农业水价综合改革前后，农业用水价格机制的效应变动情况。

（一）层次分析法

"层次分析法（Analytic Hierarchy Process，AHP）是上世纪70年代提出的一种定性与定量分析结合的多准则决策方法。"② 层次分析法需要构架层次结构模型，把决策思维数学化，尤其适合人的定性判断起重要作用的、对决策结果难以直接准确计量的评价分析。本书主要运用层次分析法测算农业用水价格机制效应评价中一级指标和二级指标的权重系数。层次分析法模型步骤设计如下。

1. 构造层次分析结构：层次分析结构主要包括目标层、准则层和方案层。

目标层：表示解决问题的目标，即应用层次分析法要达到的目标；

准则层：实现预定目标所涉及的中间环节；

方案层：表示解决问题的具体方案。

2. 构造判断矩阵：判断矩阵是人们对每一层次中各因素相对重要性给出的判断，这些判断通过引入合适的标度以数值形式表示出

① 杜栋、庞庆华、吴炎：《现代综合评价方法与案例精选》，清华大学出版社2015年版，第13页。

② 杜栋、庞庆华、吴炎：《现代综合评价方法与案例精选》，清华大学出版社2015年版，第15—16页。

来，一般来说，判断矩阵由熟悉问题的专家独立给出。[①]

构造判断矩阵的形式如下：

$$\begin{bmatrix} C_k & C_1 & C_2 & \cdots & C_n \\ C_1 & C_{11} & C_{12} & \cdots & C_{1n} \\ C_2 & C_{21} & C_{22} & \cdots & C_{2n} \\ \vdots & \vdots & \vdots & \vdots & \vdots \\ C_n & C_{n1} & C_{n2} & \cdots & C_{nn} \end{bmatrix}$$

矩阵 C 具有如下性质：

$$C_{ij} > 0 ; C_{ij} = \frac{1}{C_{ij}(i \neq j)} ; C_{ij} = 1(i = j = 1,2,\cdots,n)$$

一般而言，层次分析法需要根据一定的比率标度将判断定量化，常用为 1—9 标度方法，如表 6-1 所示。

表 6-1 判断矩阵标度及含义

序号	重要性等级	C_{ij} 赋值
1	i, j 两元素同等重要	1
2	i 元素比 j 元素稍重要	3
3	i 元素比 j 元素明显重要	5
4	i 元素比 j 元素强烈重要	7
5	i 元素比 j 元素极端重要	9
6	i 元素比 j 元素稍不重要	1/3
7	i 元素比 j 元素明显不重要	1/5
8	i 元素比 j 元素强烈不重要	1/7
9	i 元素比 j 元素极端不重要	1/9

注：$C_{ij} = \{2, 4, 6, 8, 1/2, 1/4, 1/6, 1/8\}$ 表示重要性等级介于 $C_{ij} = \{1, 3, 5, 7, 9, 1/4, 1/5, 1/7, 1/9\}$ 之间。

[①] 杜栋、庞庆华、吴炎：《现代综合评价方法与案例精选》，清华大学出版社 2015 年版，第 15—16 页。

3. 层次单排序及其一致性检验：依据判断矩阵计算对于上一层某元素而言，本层次与之有联系的元素重要性次序的权值，层次单排序采用和积法的计算步骤如下：

（1）将判断矩阵的每一列元素做归一化处理：

$$\bar{C}_{ij} = C_{ij} / \sum_{k=1}^{n} C_{ij} (i,j = 1,2,\cdots,n)$$

（2）将归一化的判断矩阵按行相加：

$$\bar{W}_i = \sum_{j=1}^{n} \bar{C}_{ij} (i = 1,2,\cdots,n)$$

（3）对向量 $\bar{W} = [\bar{W}_1, \bar{W}_2, \cdots, \bar{W}_n]^T$ 进行归一化处理，$W_i = \dfrac{\bar{W}_i}{\sum\limits_{j=1}^{n} \bar{W}_j}$，则 $W = [W_1, W_2, \cdots W_n]^T$ 即为所求的特征向量。

（4）计算判断矩阵的最大特征根 λ_{max}，$\lambda_{max} = \dfrac{1}{n} \sum\limits_{i=1}^{n} (CW_i / W_i)$，其中（$CW_i$）表示向量 CW 的第 i 个元素。为保证应用层次分析法得到的结论合理，需要对构造的判断矩阵进行一致性检验，根据矩阵理论可得到，如果 $\lambda_1, \lambda_2, \cdots, \lambda_n$ 是满足公式 $A_x = \lambda_x$ 的数，也就是矩阵 A 的特征根，并且对于所有 $a_{ij} = 1$，有 $\sum\limits_{i=1}^{n} \lambda_i = n$，显然，当矩阵具有完全一致性时，$\lambda_1 = \lambda_{max} = n$，其余特征根均为 0；而当矩阵 A 不具有完全一致性时，则有 $\lambda_1 = \lambda_{max} > n$ [1]，其余特征根 $\lambda_1, \lambda_2, \cdots, \lambda_n$ 有如下关系：$\sum\limits_{i=2}^{n} \lambda_i = n - \lambda_{max}$。因此，在层次分析法中引入判断矩阵最大特征根以外的其余特征根的负平均值，作为度量判断矩阵偏离一致性的指标，即用 $CI = \dfrac{\lambda_{max} - n}{n - 1}$，$CI$ 值越大，表明判断矩阵偏离完全一致性的程度越大；CI 值越小（接近于 0），表明判断矩阵的一致性越

---

① 杜栋、庞庆华、吴炎：《现代综合评价方法与案例精选》，清华大学出版社 2015 年版，第 17—20 页。

好；当 $CI = 0$ 时，则表明判断矩阵具有完全一致性。[1] 判断矩阵是否具有满意的一致性，还需引入判断矩阵平均随机一致性指标 RI，对于 1—9 阶判断矩阵，RI 值分布如表 6 - 2 所示。

表 6 - 2 平均随机一致性指标[2]

阶数	1	2	3	4	5	6	7	8	9
数值	0.00	0.00	0.58	0.90	1.12	1.24	1.32	1.41	1.45

当阶数大于 2 时，判断矩阵的一致性指标 CI 与同阶平均随机一致性指标 RI 之比称为随机一致性比率，记为 CR，由此，当 $CR = CI/RI < 0.10$ 时，即认为判断矩阵具有满意的一致性，否则就需要调整判断矩阵，使之具有满意的一致性。[3]

4. 层次总排序：依次沿递阶层次结构由上而下逐层计算，可计算出最底层因素（二级指标）相对于最高层（一级指标）的相对重要性（权重）的排序值，即为层次总排序。[4]

5. 根据分析计算结果，考虑相应决策。

（二）模糊综合评判法

模糊综合评判法是对决策活动所涉及的人、物、事、方案等进行多因素、多目标的评价和判断，模糊综合评判法是模糊数学的一种应用方法，其核心原理是确定出被评判对象的因素集（指标）和评价集（等级），分别确定各因素的权重和它们的隶属度向量，获得模糊评判矩阵，最后把模糊评判矩阵与因素的权向量相运算进行归一化处理，从而得到模糊评价综合结果。模糊综合评判法的模型及步骤如下：

---

① 杜栋、庞庆华、吴炎：《现代综合评价方法与案例精选》，清华大学出版社 2015 年版，第 17—20 页。

② 杜栋、庞庆华、吴炎：《现代综合评价方法与案例精选》，清华大学出版社 2015 年版，第 17—20 页。

③ 杜栋、庞庆华、吴炎：《现代综合评价方法与案例精选》，清华大学出版社 2015 年版，第 17—20 页。

④ 杜栋、庞庆华、吴炎：《现代综合评价方法与案例精选》，清华大学出版社 2015 年版，第 17—20 页。

1. 确定评价因素和评价等级

设 $U = \{u_1, u_2, \cdots, u_m\}$ 为被评价对象的 m 种因素，即评价指标；$V = \{v_1, v_2, \cdots, v_n\}$ 为表示每一因素所处的状态的 n 种决断，即评价等级；这里，m 为评价因素个数，n 为评语个数。

2. 构造评判矩阵和确定权重

对单个因素 $u_i(i = 1, 2, \cdots, m)$ 做单因素评判，从因素 u_i 着眼该事物对抉择等级 $v_i(i = 1, 2, \cdots, n)$ 的隶属度记为 r_{ij}，这样就得到第 i 个因素 u_i 的单因素评判集：$r_i = (r_{i1}, r_{i2}, \cdots, r_{in})$，由此得到 m 个因素的模糊关系 R。

$$R = (r_{ij})_{m \times n} = \begin{bmatrix} r_{11} & r_{12} & \cdots & r_{1n} \\ r_{21} & r_{22} & \cdots & r_{2n} \\ \vdots & \vdots & \vdots & \vdots \\ r_{m1} & r_{m2} & \cdots & r_{mn} \end{bmatrix}$$

具体而言，r_{ij} 表示第 i 个因素 u_i 在第 j 个评语 v_i 上的频率分布，一般将其归一化使之满足 $\sum r_{ij} = 1$，这样 R 矩阵本身就是没有量纲的，不需做专门处理。同时，权重向量 $A = (a_1, a_2, \cdots, a_m)$ 表示因素集 U 中各元素的重要程度，本书即通过 AHP 法计算得出二级指标和三级指标的权重。[1]

3. 进行模糊合成及决策

引入 V 上的一个模糊子集 B，计算 $B = A \times R$，即 $B = (b_1, b_2, \cdots, b_n)$，其中 $b_j \in [0,1)$，如果评判结果 $\sum b_j \neq 1$，将其做归一化处理。

二　建立指标体系

农业水价综合改革涉及节水、经济、社会、生态及政策等诸多方面，因此，在进行农业用水价格机制效应评价过程中，需要全面、客

---

① 杜栋、庞庆华、吴炎：《现代综合评价方法与案例精选》，清华大学出版社 2015 年版，第 38—40 页。

观地构建评价指标体系，系统性地对农业用水价格机制进行效应评价。本书结合国家发改委等五部门印发的《农业水价综合改革工作绩效评价办法（试行）》（发改价格〔2017〕1080号）涉及的考核指标，以农业节水和农业可持续发展为原则，以"先建机制，后建工程"为要求，为保障指标数据的可获得性，同时为避免指标选取的主观随意性，采用专家调研法，对水价改革和效应评价领域的多位专家以及改革部门的相关工作人员进行指标体系意见征求，综合上述要求及意见构建了节水效应、经济效应、社会效应、生态效应及政策效应五个一级指标，在各一级指标下分别设置了3—5个二级指标，详细解释上层指标内容，系统对农业用水价格机制进行效应评价。具体指标体系如表6-3所示。

表6-3　　　　　　农业用水价格机制效应评价指标体系

	一级指标	二级指标
农业用水价格机制效应评价指标体系	节水效应	农业灌溉水有效利用系数
		亩均用水量
		节水技术推广率
		节水灌溉面积实施率
	经济效应	亩均作物产量
		农民人均可支配收入
		亩均水费
		水费实收率
	社会效应	计量设施配备率
		工程设施产权界定率
		灌溉用水保证率
		工程设施管护率
		用水合作组织参与程度
	生态效应	种植结构调整
		水土保持增长率
		生态环境改善
	政策效应	制订农业水价综合改革实施计划
		健全农业用水价格形成机制
		健全农业用水价格调节机制

（一）节水效应

节水效应指标主要体现农业用水价格机制对农业节水的促进作用，体现了以农业用水价格形成机制为核心，以农业用水价格调节机制为保障的农业用水价格机制的综合效应，一方面通过农业水价综合改革促进农业用水减少，另一方面体现在节水技术的运用上。基于此，节水效应指标包含了农业灌溉水有效利用系数、亩均用水量、节水技术推广率、节水灌溉面积实施率等四个二级指标，具体如下。

1. 农业灌溉水有效利用系数

农业灌溉水有效利用系数是衡量渠首到田间农业用水利用情况的核心指标，能较为真实地反映农业用水效率，也是综合分析农田水利工程质量完善程度及农业用水效率的有效指标。改革后的农业灌溉水有效利用系数越高，则表明农业用水管理效率越高，农业用水价格机制效应评价越显著，效应测评等级越高。

2. 亩均用水量

亩均用水量是衡量节水效应的重要指标，它可以准确反映农业水价综合改革前后，同类作物在相同环境下的用水程度，亩均用水量差值越大，表明节水效果越明显。

3. 节水技术推广率

节水技术推广率是指运用节水技术灌溉面积占改革实施灌溉面积比值。节水技术的运用是促进农业节水的关键环节，有利于改变农业用水粗放使用方式。农业节水技术包含工程性节水技术（低压管道输水、管灌、滴灌等）和非工程性节水技术（深松整地、种植结构调整、覆盖保墒等）。节水技术推广率体现了节水技术的普及程度，也是农业节水的潜力所在。节水技术推广率有利于提高农业用水效率及用水户节水技术运用能力和生产素质的提高。改革后的农业节水技术推广率越高，表明农业用水价格机制效应评价越显著，评价等级越高。

4. 节水灌溉面积实施率

节水灌溉面积实施率是指运用节水技术实施的灌溉面积占该区域

内有效灌溉面积的比值，农业节水灌溉面积实施率体现出运用农业节水技术的普遍程度及农业节水效率。改革后的节水灌溉面积实施率越高，表明农业用水价格机制效应评价越显著，评价等级越高。

（二）经济效应

经济效应是反映农业用水价格机制构建情况的重要评价指标。经济效应指标下设立了亩均作物产量、农民人均可支配收入、亩均水费、水费实收率四个二级指标。具体如下。

1. 亩均作物产量

亩均作物产量是指农作物每亩的平均产量。亩均作物产量是衡量农业产业效应的重要指标，亩均作物产量越高，同等价格下的农业生产收入越高，用水户经济收入越高，其经济支付能力越强。改革后的亩均作物产量越大，在同等单价下的亩均作物产值越高，用水户实际支付能力也越强，由此，农业用水价格机制效应评价越显著，评价等级越高。

2. 农民人均可支配收入

农民人均可支配收入是体现农业经济效益的核心指标，随着农民人均可支配收入的提高，农业用水户的实际支付能力逐步增强，农业可持续发展稳步提升。因此，在其他条件相同的情况下，改革后的农民人均可支配收入越高，表明农业用水价格机制效应评价越显著，评价等级越高。

3. 亩均水费

亩均水费是农业水价综合改革进程中衡量农业成本投入的关键指标，能直观地反映农业投入产出情况。改革后的亩均水费越小，表明农作物成本投入越低，农业生产利润率越高，农业用水价格机制的效应评价越显著，评价等级越高。

4. 水费实收率

水费实收率是体现用水户承载力支付的决定性指标。一方面，水费实收率是保证供水机构日常运行的关键；另一方面，水费实收率体现了用水户的实际支付能力和心理支付意愿，反映出农业水价综合改革是否得到了用水户的广泛支持。改革后的水费实收率越高，表明用水户对农业用水价格机制的接受度越高，效应评价越显著，评价等级越高。

（三）社会效应

社会效应是体现农业用水价格机制优化情况的重要参考指标。社会效应指标下包括计量设施配备率、工程设施产权界定率、灌溉用水保证率、工程设施管护率以及用水合作组织参与程度五个二级指标，系统反映农业用水价格机制配套设施的实际改革效应。

1. 计量设施配备率

计量设施配备率是衡量农业用水终端水价制度的主要指标，也是农业用水效率的重要参考，计量设施配备完善有利于农业终端水费计收方式的实现，有利于科学规范管理农业用水。改革后的计量设施配备率越高，表明农业水价综合改革的工程投入力度越大，农业用水价格机制的效应评价越显著，评价等级越高。

2. 工程设施产权界定率

工程设施产权界定是农业水价综合改革的重要内容，尤其是灌区末级渠系或小型灌区的产权界定，更是农田水利工程能够长效运行的有力保障，清晰的产权有利于落实工程主体，促进农业用水可持续发展。改革后的水利工程设施产权界定率越高，表明农业用水价格机制的效应评价越显著，效应测评等级也越高。

3. 灌溉用水保证率

农业灌溉用水保证率是农业灌溉工程良性运行、水利设施完好的主要标志，同时也能表现出供水机构的管理服务能力和日常运行效率。改革后的灌溉用水保证率越高，表明农业用水价格机制取得的效应评价越显著，评价等级越高。

4. 工程设施管护率

工程设施管护率是保证工程持续运行的重要指标，是推动农业水价综合改革的有效措施。良好的工程管护包括落实管护主体、健全管护机制、保障管护资金来源、提升工程运行效率。改革后的工程设施管护率越高，则农业用水价格机制的效应评价越显著，评价等级也越高。

5. 用水合作组织参与程度

用水合作组织参与程度是体现用水主体参与构建农业用水价格机制的核心指标，组建用水合作组织可以提高用水户集体行动能力，有利于农民实现用水自治，更加科学规范强化用水需求管理。改革后的用水合作组织参与程度越高，表明用水主体对改革的接受认可度越高，农业用水价格机制的效应评价越显著，测评等级也越高。

（四）生态效应

生态效应变化是农业用水价格机制改革效应评价的重要指标，农业水价综合改革有利于水资源节约利用和生态环境保护。本书在生态效应一级指标下设立种植结构调整、水土保持增长率及生态环境改善三个二级指标，相应地反映农业用水价格机制改革前后的效应变动情况。

1. 种植结构调整

农业水价综合改革过程中，涉及因地制宜调整优化种植结构，优化种植结构既包括适度调减引发地表水过度利用、地下水严重超采等问题的高耗水农作物，也包括选育作物生育阶段与天然降水相适应的农业种植结构，合理的种植结构有利于科学合理开采农业水资源，改善区域生态环境。改革后的种植结构越合理，表明农业用水价格机制的效应评价越显著，评价等级越高。

2. 水土保持增长率

"水土保持，又称水土流失治理，是指在山丘地区水土流失面积上进行的综合治理"①，治理措施主要有水平梯田、淤地坝、谷坊等。提高水土保持增长率有利于维持生态水资源平衡，促进水资源循环系统良性运转，实现农业用水可持续发展。改革后的水土保持增长率越高，表明农业用水价格机制效应评价越显著，测评等级越高。

---

① 《水土保持定义》，https：//baike. baidu. com/item/水土保持/3817913？fr = aladdin。

3. 生态环境改善

农业用水存在大量排污问题，造成水资源污染，生态环境恶化，不利于农业长效发展，适当征收农业污水费（税），强化污水处理及循环用水，有利于实现农业水资源利用效用最大化，有利于完善水体水质，保证农业用水安全，促进农村生态环境不断优化。改革后的生态环境越好，表明农业用水价格机制效应评价越高，测评等级也越高。

（五）政策效应

依据《关于推进农业水价综合改革的意见》及《农业水价综合改革工作绩效评价办法》中对于农业水价综合改革"先建机制，后建工程"的要求，为科学评价农业用水价格机制变动效应，本书在指标体系中创新设立了政策效应的一级指标，同时在政策效应下设立了制订水价综合改革实施计划、健全农业用水价格形成机制及健全农业用水价格调节机制三个二级指标。

1. 制订农业水价综合改革实施计划

制订实施计划是水价综合改革的基础，是系统反映农业用水价格机制的综合效应指标。完善的实施计划有利于保障农业水价综合改革的顺利推行，自上而下地实施计划有利于促进改革有序推进。水价综合改革实施计划可分为总体计划和年度实施计划，总体计划涵盖农业水价综合改革的总体目标及各阶段改革任务，年度实施计划则详细制定了年度改革内容，是对总体改革任务的具体执行。完善的改革实施计划表明农业水价综合改革构建了良好的机制基础，农业用水价格机制效应评价等级更高。

2. 健全农业用水价格形成机制

农业用水价格形成机制是重要的政策效应指标，决定着我国农业用水价格机制的优化程度。良好的农业用水价格形成机制有利于农业用水科学管理及市场运行，有利于促进农业节水，实现农业可持续发展，决定着农业用水价格机制的整体效应是否显著，也决定着效应评价等级的高低。

3. 健全农业用水价格调节机制

农业用水价格调节机制是反映农业用水价格机制的重要政策效应指标，健全调节机制包含建立健全农业用水价格补贴机制和节水奖励机制。良好的农业用水价格调节机制有利于农业用水价格的市场化运行，有利于提高农业用水价格机制的效应评价等级。

三 确定指标权重系数

（一）一级指标权重系数确定

采用层次分析法，对农业用水价格机制效应评价指标体系中的一级指标和下层各二级指标进行权重测算，由上述分析可知，层次结构如图 6-1 所示。

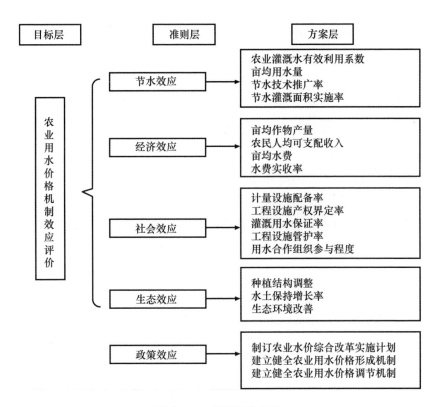

图 6-1 指标层次结构

通过专家对指标两两比较打分得到判断矩阵，第一层次判断矩阵如表6-4所示。

表6-4　　　　　　　　　　一级指标判断矩阵

	节水效应	经济效应	社会效应	生态效应	政策效应
节水效应	1.000	4.000	2.000	6.000	3.000
经济效应	0.250	1.000	0.250	2.000	0.500
社会效应	0.500	4.000	1.000	5.000	3.000
生态效应	0.167	0.500	0.200	1.000	0.250
政策效应	0.333	2.000	0.333	4.000	1.000

运用和积法对第一层判断矩阵进行一致性检验，将判断矩阵每一列元素做归一化处理，得到：

$$\begin{bmatrix} 0.444 & 0.348 & 0.529 & 0.333 & 0.387 \\ 0.111 & 0.087 & 0.066 & 0.111 & 0.065 \\ 0.222 & 0.348 & 0.264 & 0.278 & 0.387 \\ 0.074 & 0.043 & 0.053 & 0.056 & 0.032 \\ 0.148 & 0.174 & 0.088 & 0.222 & 0.129 \end{bmatrix}$$

将归一化的判断矩阵按行相加，得到：

$$\bar{W_i} = \begin{bmatrix} 2.041 \\ 0.440 \\ 1.499 \\ 0.258 \\ 0.761 \end{bmatrix}$$

再对向量 $\bar{W_i}$ 进行归一化处理，得到：

$$W = \begin{bmatrix} 0.408 \\ 0.088 \\ 0.300 \\ 0.052 \\ 0.152 \end{bmatrix}$$

则向量 W 为所求的特征向量，计算判断矩阵的最大特征根 λ_{max}，得到：

$$\lambda_{max} = \frac{1}{5}\left(\frac{2.127}{0.408} + \frac{0.444}{0.088} + \frac{1.571}{0.300} + \frac{0.262}{0.052} + \frac{0.771}{0.152}\right) = 5.126$$

由此，最大特征根 $\lambda_{max} = 5.126$，求得 $CI = 0.0315$，查找平均随机一致性指标可知 $RI = 1.12$，求得 $CR = 0.028 < 0.1$，由此可知，第一层判断矩阵具有良好的一致性，则最大特征根对应的特征向量 $W = (0.408, 0.088, 0.300, 0.052, 0.152)$ 为指标体系中一级指标的权重系数。

（二）二级指标权重系数确定

1. 节水效应下的二级指标权重

两两比较分析后得到节水效应指标下的判断矩阵，如表 6 - 5 所示。

表6-5　　　　　　　　节水效应指标下二级判断矩阵

节水效应	农业灌溉水有效利用系数	亩均用水量	节水技术推广率	节水灌溉面积实施率
农业灌溉水有效利用系数	1.000	4.000	3.000	7.000
亩均用水量	0.250	1.000	0.250	2.000
节水技术推广率	0.333	4.000	1.000	6.000
节水灌溉面积实施率	0.143	0.500	0.167	1.000

同第一层测算方法，运用和积法，计算得出节水效应指标下的最大特征根 $\lambda_{max} = 4.141$，求得 $CI = 0.047$，查找平均随机一致性指标可知 $RI = 0.90$，求得 $CR = 0.052 < 0.1$，由此可知，判断矩阵具有良好的一致性，则最大特征根对应的特征向量 $W = (0.529, 0.108, 0.304, 0.052)$ 为节水效应指标下具体二级指标的权重系数。

2. 经济效应下的二级指标权重

两两比较分析后得到经济效应指标下的判断矩阵，如表6-6所示。

表6-6   经济效应指标下二级判断矩阵

经济效应	亩均作物产量	农民人均可支配收入	亩均水费	水费实收率
亩均作物产量	1.000	0.125	0.250	0.167
农民人均可支配收入	8.000	1.000	5.000	3.000
亩均水费	4.000	0.200	1.000	0.250
水费实收率	6.000	0.333	4.000	1.000

计算得出经济效应指标下的最大特征根 $\lambda_{max} = 4.211$，求得 $CI = 0.070$，查找平均随机一致性指标可知 $RI = 0.90$，求得 $CR = 0.078 < 0.1$，由此可知，判断矩阵具有良好的一致性，则最大特征根对应的特征向量 $W = $（0.048，0.548，0.121，0.283）为经济效应指标下具体二级指标的权重系数。

3. 社会效应下的二级指标权重

两两比较分析后得到社会效应指标下的判断矩阵，如表6-7所示。

表6-7   社会效应指标下二级判断矩阵

社会效应	计量设施配备率	工程设施产权界定率	灌溉用水保证率	工程设施管护率	用水合作组织参与程度
计量设施配备率	1.000	0.500	5.000	4.000	3.000
工程设施产权界定率	2.000	1.000	7.000	5.000	4.000
灌溉用水保证率	0.200	0.143	1.000	0.333	0.250
工程设施管护率	0.250	0.200	3.000	1.000	0.500
用水合作组织参与程度	0.333	0.250	4.000	2.000	1.000

计算得出社会效应指标下的最大特征根 $\lambda_{max} = 5.158$，求得 $CI = 0.040$，查找平均随机一致性指标可知 $RI = 1.12$，求得 $CR = 0.035 < 0.1$，由此可知，判断矩阵具有良好的一致性，则最大特征根对应的特征向量 $W =$（0.284，0.444，0.045，0.090，0.137）为社会效应指标下具体二级指标的权重系数。

4. 生态效应下的二级指标权重

两两比较分析后得到生态效应指标下的判断矩阵，如表 6-8 所示。

表 6-8　　　　　　　**生态效应指标下二级判断矩阵**

生态效应	种植结构调整	水土保持增长率	生态环境改善
种植结构调整	1.000	5.000	3.000
水土保持增长率	0.200	1.000	0.333
生态环境改善	0.333	3.000	1.000

计算得出生态效应指标下的最大特征根 $\lambda_{max} = 3.039$，求得 $CI = 0.019$，查找平均随机一致性指标可知 $RI = 0.58$，求得 $CR = 0.033 < 0.1$，由此可知，判断矩阵具有良好的一致性，则最大特征根对应的特征向量 $W =$（0.633，0.106，0.260）为生态效应指标下具体二级指标的权重系数。

5. 政策效应下的二级指标权重

两两比较分析后得到政策效应指标下的判断矩阵，如表 6-9 所示。

表 6-9　　　　　　　**政策效应指标下二级判断矩阵**

政策效应	制订农业水价综合改革实施计划	健全农业用水价格形成机制	健全农业用水价格调节机制
制订农业水价综合改革实施计划	1.000	0.250	3.000
健全农业用水价格形成机制	4.000	1.000	6.000
健全农业用水价格调节机制	0.333	0.167	1.000

计算得出政策效应指标下的最大特征根 $\lambda_{max} = 3.054$，求得 $CI = 0.027$，查找平均随机一致性指标可知 $RI = 0.58$，求得 $CR = 0.047 < 0.1$，由此可知，判断矩阵具有良好的一致性，则最大特征根对应的特征向量 $W = （0.221，0.685，0.093）$ 为政策效应指标下具体二级指标的权重系数。

综上，我们得出农业用水价格机制的效应评价指标体系中一级指标和二级指标权重，具体权重系数如表 6-10 所示。

表 6-10　　　　　　　　　指标体系权重系数

	一级指标	一级权重系数	二级指标	二级权重系数	综合权重系数
农业用水价格机制效应评价指标体系	节水效应	0.408	农业灌溉水有效利用系数	0.529	0.216
			亩均用水量	0.108	0.044
			节水技术推广率	0.304	0.124
			节水灌溉面积实施率	0.052	0.024
	经济效应	0.088	亩均作物产量	0.048	0.004
			农民人均可支配收入	0.548	0.048
			亩均水费	0.121	0.011
			水费实收率	0.283	0.025
	社会效应	0.300	计量设施配备率	0.284	0.085
			工程设施产权界定率	0.444	0.133
			灌溉用水保证率	0.045	0.014
			工程设施管护率	0.090	0.027
			用水合作组织参与程度	0.137	0.041
	生态效应	0.052	种植结构调整	0.633	0.033
			水土保持增长率	0.106	0.006
			生态环境改善	0.260	0.014
	政策效应	0.152	制订水价综合改革实施计划	0.221	0.034
			健全农业用水价格形成机制	0.685	0.104
			健全农业用水价格调节机制	0.093	0.014

第二节　农业用水价格机制改革效应
评价的实证分析

以四川省武引灌区为案例研究对象，运用模糊综合评判法对武引灌区农业用水价格机制效应进行综合评价，通过实证研究验证评价体系的科学性和合理性，数据主要来源于武引灌区管理局公布的《2015—2017 年农业水价综合改革年度总结报告》、游仙区统计局公布的《2015—2017 年游仙区国民经济与社会发展统计公报》、射洪县统计局公布的《2015—2017 年射洪县国民经济与社会发展统计公报》、三台县统计局公布的《2015—2017 年三台县国民经济与社会发展统计公报》、绵阳市统计局公布的《2015—2017 年绵阳市国民经济与社会发展统计公报》、四川省水利厅公布的《2015—2017 年四川省水资源公报》、四川省统计局公布的《2015—2017 年四川省农村年鉴》《2015—2017 年四川省统计年鉴》《2015—2017 年四川省调查年鉴》、水利部公布的《2015—2017 年中国水资源公报》《2015—2017 年中国水利发展统计公报》《2015—2017 年中国水利统计年鉴》、国家统计局公布的《2015—2017 年中国农村统计年鉴》《2015—2017 年全国农产品成本收益统计资料汇编》等。

一　确定评价因素及评价等级

本书确立的评价因素为农业用水价格机制效应评价指标体系，根据因素特点划分层次模块，因素集分为两级，两级模糊评判集如表 6 - 11 所示。

表 6 - 11   评价因素层级

第一层因素集	第二层因素集
节水效应 U_1	农业灌溉水有效利用系数 u_{11}
	亩均用水量 u_{12}
	节水技术推广率 u_{13}
	节水灌溉面积实施率 u_{14}
经济效应 U_2	亩均作物产量 u_{21}
	农民人均可支配收入 u_{22}
	亩均水费 u_{23}
	水费实收率 u_{24}
社会效应 U_3	计量设施配备率 u_{31}
	工程设施产权界定率 u_{32}
	灌溉用水保证率 u_{33}
	工程设施管护率 u_{34}
	用水合作组织参与程度 u_{35}
生态效应 U_4	种植结构调整 u_{41}
	水土保持增长率 u_{42}
	生态环境改善 u_{43}
政策效应 U_5	制订水价综合改革实施计划 u_{51}
	健全农业用水价格形成机制 u_{52}
	健全农业用水价格调节机制 u_{53}

建立评价指标的评语集，即评价等级 $V = \{v_1, v_2, v_3, v_4\}$ = {优秀，良好，合格，不合格}，同时对评价等级制定标准分值，如表 6 - 12 所示。

表 6 - 12   评价指标的标准分值

评价等级	优秀 v_1	良好 v_2	合格 v_3	不合格 v_4
评价分值	$v_1 \geqslant 0.9$	$0.9 > v_2 \geqslant 0.75$	$0.75 > v_3 \geqslant 0.6$	$0.6 > v_4$

二　评价因素数据处理

(一) 农业灌溉水有效利用系数

武引灌区农业水价综合改革前农业灌溉水有效利用系数为 0.67，

改革后，项目区农业灌溉水有效利用系数提高到 0.85。2017 年，全国农田灌溉水有效利用系数为 0.548，以全国平均有效利用系数为合格标准值，测算武引灌区农业灌溉水有效利用系数改革前的评价分值为 0.71，测评等级为合格；改革后的评价分值为 0.87，评价等级为良好。

（二）亩均用水量

不同区域，不同作物灌溉用水量不尽相同，以水稻为例，武引灌区改革前亩均灌溉用水量为 300 立方米，水价改革后项目区亩均灌溉用水量为 240.7 立方米，平均每亩节约 59.3 立方米。由于我国农业用水定额尚无统一标准，本书以四川省水稻作物用水定额为标准值，由上文分析可知，四川省水稻用水定额最低为 310 立方米，最高亩均用水量为 600 立方米，由此，测算武引灌区改革前亩均用水量评价分值为 0.62，测评等级为合格；改革后的亩均用水量评价分值为 0.74，测评等级为合格。

（三）节水技术推广率

通过节水技术推广面积占改革实施面积比率测算节水技术评价分值。农业水价综合改革前，武引灌区节水技术推广率为 56%，改革后项目区节水技术推广率达到 73%，全国《农业水价综合改革工作绩效评价办法》要求，节水技术推广率需大于 50% 方可计提分值，以 50% 为标准值，测算出武引灌区改革前节水技术推广率评价分值为 0.65，评价等级为合格；改革后的评价分值为 0.78，评价等级为良好。

（四）节水灌溉面积实施率

农业水价综合改革前，武引灌区节水灌溉面积实施率为 47.6%，改革后武引灌区项目区节水灌溉面积实施率达 70.2%。从全国来看，2017 年节水灌溉工程面积占灌溉面积总值的 46.4%，以此为标准值测算出武引灌区改革前节水灌溉面积评价分值为 0.61，评价等级为合格；改革后的评价分值为 0.78，评价等级为良好。

（五）亩均作物产量

以粮食作物为例，改革前，武引灌区项目区亩均粮食作物产量为380.5公斤，改革后，粮食作物亩均产量增加到421.1公斤。2017年，全国粮食作物亩均产量367公斤，其中地区最高粮食作物亩产量为500.9公斤，以此为标准值计算武引灌区项目区农业水价综合改革前粮食亩均作物产量评价分值为0.64，评价等级为合格；改革后的评价分值为0.76，评价等级为良好。

（六）农民人均可支配收入

改革前，武引灌区项目区农民人均可支配收入为10835元，改革后农民人均可支配收入为14760元。改革前全国农村人均可支配收入为10498元，改革后全国农村人均可支配收入为13432元，以此为标准值测算改革前武引灌区项目区农民人均可支配收入评价分值为0.62，评价等级为合格；改革后武引灌区农民人均可支配收入评价分值为0.66，评价等级为合格。

（七）亩均水费

总体上，武引灌区农业用水价格从改革前的0.1—0.12元/立方米，提高到0.17—0.2元/立方米，水价基本达到灌区末级渠系运行维护成本，但因农业水价综合改革促进了节约用水，亩均用水量的减少使得亩均水费不升反降，农业经济效应整体提升。改革前，武引灌区项目区计收的亩均水费为38元，改革后，灌区亩均收费降低到34.7元，由上文可知，当前四川省大型灌区亩均水费在31—40元，以此为标准值测算武引灌区项目区改革前亩均水费评价分值为0.69，评价等级为合格；改革后灌区亩均水费评价分值为0.84，评价等级为良好。

（八）水费实收率

武引灌区改革前水费实收率为80%，改革后，项目区水费实收率为100%。当前，我国水费实收率平均超过60%，以此测算武引灌区改革前水费实收率评价分值为0.80，评价等级为良好；改革后的评价分值为1.00，评价等级为优秀。

（九）计量设施配备率

武引灌区改革前计量设施配备率为68%，改革后，项目区计量设施配备率达80%。当前，我国计量设施配备率平均为61%，以此测算武引灌区改革前计量设施配备率评价分值为0.67，评价等级为合格；改革后的评价分值为0.80，评价等级为良好。

（十）工程设施产权界定率

武引灌区末级渠系工程设施产权界定率在改革前约为60%，改革后，项目区末级渠系及工程设施产权界定率提高到90%。当前，全国约有55%的小型农田水利工程明晰产权，以此测算武引灌区改革前工程设施产权界定率评价分值为0.64，评价等级为合格；改革后的评价分值为0.91，评价等级为优秀。

（十一）灌溉用水保证率

农业水价综合改革前，武引灌区项目区灌溉用水保证率为70%；改革后，项目区灌溉用水保证率提高到85%。当前，四川省农田水利工程灌溉用水保证率为62%，以此测算武引灌区改革前灌溉用水保证率评价分值为0.68，评价等级为合格；改革后的评价分值为0.84，评价等级为良好。

（十二）工程设施管护率

改革前，武引灌区末级渠系工程设施管护率不足60%；改革后，项目区工程设施管护率提高到95%。当前，我国末级渠系及小型灌区工程设施管护率不足50%，以此测算武引灌区改革前工程设施管护率评价分值为0.68，评价等级为合格；改革后的评价分值为0.96，评价等级为优秀。

（十三）用水合作组织参与程度

武引灌区用水合作组织参与程度在水价综合改革前不足50%，改革后，项目区用水合作组织管理灌溉面积占项目区有效灌溉面积的90%。2017年，全国农民用水合作组织共计8.3万个，管理灌溉面积3.6亿亩，占全国农田有效灌溉面积的35.3%，以此为标准值测算武引灌区改革前用水合作组织组建率评价分值为0.69，评价等级为合格；改革后的评价分值为 0.94，评价等级为优秀。

（十四）种植结构调整

农业水价综合改革前，武引灌区项目区种植结构存在不合理情况，农业种植结构单一，农业产值低效，同时存在部分高耗水作物造成地下水超采；改革后，项目区推动农业种植结构调整，引进了佳昊生态园、洛水生态葡萄园等企业，优化了项目区种植结构，提高了农业产值，实现了农业水资源高效利用。根据专家综合打分，武引灌区改革前种植结构调整指标评价分值测定为 0.65，评价等级为合格；改革后，种植结构得到优化调整，评价分值为 0.82，评价等级为良好。

（十五）水土保持增长率

武引灌区水土保持增长率在水价综合改革前约为 6%，改革后，项目区水土保持增长率提高到 7%。2017 年，全国水体保持增长率为5.4%，以此测算武引灌区改革前水土保持增长率评价分值为 0.67，评价等级为合格；改革后的评价分值为 0.78，评价等级为良好。

（十六）生态环境改善

农业水价综合改革后，武引灌区生态环境得到明显改善，农业水资源高效合理利用，污水排放得到有效治理，根据专家综合评价，武引灌区项目区改革前生态环境改善评价分值为 0.70，评价等级为合格；改革后，评价分值为 0.85，评价等级为良好。

（十七）制订农业水价综合改革实施计划

农业水价综合改革前，武引灌区项目区没有实施计划，项目区农业用水不合理；改革后，武引灌区项目区制订了总体实施计划和年度实施计划，从制度上保障了农业水价综合改革顺利完成。根据专家综合评价，武引灌区项目区改革前制订水价综合改革实施计划指标的评价分值为 0，评价等级为不合格；改革后，评价分值为 0.95，评价等级为优秀。

（十八）健全农业用水价格形成机制

改革前，武引灌区项目区农业用水价格形成机制不够完善，计价标准和计收方式不够科学；农业水价综合改革后，武引灌区项目区健全农业用水价格形成机制，涵盖水价核定标准、分级分类分档定价及计收方式等。通过专家综合评价，武引灌区项目区改革前健全农业用水价格形成机制指标的评价分值为 0.65，评价等级为合格；改革后，评价分值为 0.95，评价等级为优秀。

（十九）健全农业用水价格调节机制

改革前，武引灌区项目区农业用水价格调节机制不够完善，长期存在补贴机制及节水机制不健全等问题；农业水价综合改革后，武引灌区项目区健全了农业用水价格调节机制。通过专家综合评价，武引灌区项目区改革前指标的评价分值为 0.60，评价等级为合格；改革后，评价分值为 0.90，评价等级为优秀。

综上，经数据处理我们得到 19 个评价因素的模糊综合评判表，如表6-13所示。

表6-13　　　　　　　二级评价因素模糊综合评价

评价因素	农业水价综合改革前		农业水价综合改革后	
	评价分值	评价等级	评价分值	评价等级
农业灌溉水有效利用系数	0.71	合格	0.87	良好
亩均用水量	0.62	合格	0.74	合格
节水技术推广率	0.65	合格	0.78	良好
节水灌溉面积实施率	0.61	合格	0.78	良好
亩均作物产量	0.64	合格	0.76	良好
农民人均可支配收入	0.62	合格	0.66	合格
亩均水费	0.69	合格	0.84	良好
水费实收率	0.80	良好	1.00	优秀
计量设施配备率	0.67	合格	0.80	良好
工程设施产权界定率	0.64	合格	0.91	优秀
灌溉用水保证率	0.68	合格	0.84	良好
工程设施管护率	0.68	合格	0.96	优秀
用水合作组织参与程度	0.69	合格	0.94	优秀
种植结构调整	0.65	合格	0.82	良好
水土保持增长率	0.67	合格	0.78	良好

评价因素	农业水价综合改革前		农业水价综合改革后	
	评价分值	评价等级	评价分值	评价等级
生态环境改善	0.70	合格	0.85	良好
制订农业水价综合改革实施计划	0.00	不合格	0.95	优秀
健全农业用水价格形成机制	0.65	合格	0.95	优秀
健全农业用水价格调节机制	0.60	合格	0.90	优秀

　　按照上述评价因素的标准分值，我们得到改革前，武引灌区农业用水价格机制效应评价指标的 5 个一级指标的模糊评判矩阵为：

$$R_1 = \begin{bmatrix} 0 & 0 & 0.71 & 0 \\ 0 & 0 & 0.62 & 0 \\ 0 & 0 & 0.65 & 0 \\ 0 & 0 & 0.61 & 0 \end{bmatrix} \quad R_2 = \begin{bmatrix} 0 & 0 & 0.64 & 0 \\ 0 & 0 & 0.62 & 0 \\ 0 & 0 & 0.69 & 0 \\ 0 & 0.80 & 0 & 0 \end{bmatrix}$$

$$R_3 = \begin{bmatrix} 0 & 0 & 0.67 & 0 \\ 0 & 0 & 0.64 & 0 \\ 0 & 0 & 0.68 & 0 \\ 0 & 0 & 0.69 & 0 \\ 0 & 0 & 0.65 & 0 \end{bmatrix} \quad R_4 = \begin{bmatrix} 0 & 0 & 0.65 & 0 \\ 0 & 0 & 0.67 & 0 \\ 0 & 0 & 0.70 & 0 \end{bmatrix}$$

$$R_5 = \begin{bmatrix} 0 & 0 & 0 & 0 \\ 0 & 0 & 0.65 & 0 \\ 0 & 0 & 0.60 & 0 \end{bmatrix}$$

　　同时，我们得到农业水价综合改革后，武引灌区农业用水价格机制效应评价指标的 5 个一级指标的模糊评判矩阵为：

$$R_1^* = \begin{bmatrix} 0 & 0.87 & 0 & 0 \\ 0 & 0 & 0.74 & 0 \\ 0 & 0.78 & 0 & 0 \\ 0 & 0.78 & 0 & 0 \end{bmatrix} \quad R_2^* = \begin{bmatrix} 0 & 0.76 & 0 & 0 \\ 0 & 0 & 0.66 & 0 \\ 0 & 0.84 & 0 & 0 \\ 1.00 & 0 & 0 & 0 \end{bmatrix}$$

$$R_3^* = \begin{bmatrix} 0 & 0.80 & 0 & 0 \\ 0.91 & 0 & 0 & 0 \\ 0 & 0.84 & 0 & 0 \\ 0.96 & 0 & 0 & 0 \\ 0.94 & 0 & 0 & 0 \end{bmatrix} \qquad R_4^* = \begin{bmatrix} 0 & 0.82 & 0 & 0 \\ 0 & 0.78 & 0 & 0 \\ 0 & 0.85 & 0 & 0 \end{bmatrix}$$

$$R_5^* = \begin{bmatrix} 0.95 & 0 & 0 & 0 \\ 0.95 & 0 & 0 & 0 \\ 0.90 & 0 & 0 & 0 \end{bmatrix}$$

$$R_1^* = \begin{bmatrix} 0 & 0.87 & 0 & 0 \\ 0 & 0 & 0.74 & 0 \\ 0 & 0.78 & 0 & 0 \\ 0 & 0.78 & 0 & 0 \end{bmatrix} \qquad R_2^* = \begin{bmatrix} 0 & 0.76 & 0 & 0 \\ 0 & 0 & 0.66 & 0 \\ 0 & 0.84 & 0 & 0 \\ 1.00 & 0 & 0 & 0 \end{bmatrix}$$

由层次分析法我们测算出农业用水价格机制效应评价指标体系的一级指标和二级指标权重系数，一级指标权重系数 $W = \{0.408, 0.088, 0.300, 0.052, 0.152\}$，二级指标中，节水效应下的权重系数 $W_1 = \{0.529, 0.108, 0.304, 0.052\}$，经济效应下的权重系数 $W_2 = \{0.048, 0.548, 0.121, 0.283\}$，社会效应下的权重系数 $W_3 = \{0.284, 0.444, 0.045, 0.090, 0.137\}$，生态效应下的权重系数 $W_4 = \{0.633, 0.106, 0.260\}$，政策效应下的权重系数 $W_5 = \{0.221, 0.685, 0.093\}$。

一方面，根据各自的权重系数，我们可以得到农业水价综合改革前武引灌区农业用水价格机制效应评价指标的 5 个一级指标的综合评价：

$B_1 = W_1 \times R_1 = (0, 0, 0.676, 0)$

$B_2 = W_2 \times R_2 = (0, 0.226, 0.454, 0)$

$B_3 = W_3 \times R_3 = (0, 0, 0.661, 0)$

$B_4 = W_4 \times R_4 = (0, 0, 0.664, 0)$

$B_5 = W_5 \times R_5 = (0, 0, 0.501, 0)$

根据 5 个一级指标的综合评价，我们可以得出农业水价综合改革前，武引灌区农业用水价格机制效应总评价：

$B = W \times R =$ （0.276，0.060，0.198，0.035，0.076）

另一方面，根据各自的权重系数，我们可以得到农业水价综合改革后武引灌区农业用水价格机制效应评价指标的 5 个一级指标的综合评价：

$B_1{}^* = W_1 \times R_1{}^* =$ （0，0.743，0.080，0）

$B_2{}^* = W_2 \times R_2{}^* =$ （0.283，0.138，0.362，0）

$B_3{}^* = W_3 \times R_3{}^* =$ （0.619，0.265，0，0）

$B_4{}^* = W_4 \times R_4{}^* =$ （0，0.823，0，0）

$B_5{}^* = W_5 \times R_5{}^* =$ （0.944，0，0，0）

根据 5 个一级指标的综合评价，我们可以得出农业水价综合改革后，武引灌区农业用水价格机制效应总评价：

$B^* = W \times R^* =$ （0.336，0.069，0.265，0.043，0.143）

上述分析得知，武引灌区农业水价综合改革前后，农业用水价格机制综合效应评价指标体系中综合效应及各层次效应评价结果测算分值如表 6 – 14 所示。

表 6 – 14　　　　　　　　**农业用水价格机制效应评价结果**

评价指标	改革前农业用水价格机制效应		改革后农业用水价格机制效应	
	评价分值	评价等级	评价分值	评价等级
综合效应	0.645	合格	0.856	良好
节水效应	0.676	合格	0.823	良好
经济效应	0.680	合格	0.783	良好
社会效应	0.661	合格	0.884	良好
生态效应	0.664	合格	0.823	良好
政策效应	0.501	不合格	0.944	优秀

三　评价结果分析

通过层次分析法确定的一级指标和二级指标权重以及模糊综合评判法确定的评价因素评判矩阵，综合测算出样本灌区农业水价综合改革前后，农业用水价格机制在节水效应、经济效应、社会效应、生态效应及政策效应五个方面的重要程度及评价分值，系统得出农业用水价格机制变动效应，评价结果分析如下。

（一）权重系数结果分析

1. 一级指标权重系数分析

从一级指标权重系数上我们发现，节水效应的权重系数为0.408，是5个一级指标中系数最高的，表明农业水价综合改革过程中，节水效应是农业用水价格机制的重中之重，实现农业节水是优化农业用水价格机制的首要目标，这在权重系数测算上给予了数学论证。经济效应的权重系数为0.088，在权重排序中列为第四位，仅高于生态效应权重系数，由此表明，获取经济效应不是农业用水价格机制构建的主要任务，构建农业用水价格机制的紧迫性和必要性并非由于农业产值较低、经济效应不足等，而同时，农业用水价格机制只是促进现代农业发展、提高农业经济效应的机制措施，而非主要途径。社会效应的权重系数为0.300，在权重系数排第二位，表明完善农业用水价格机制除节水目标外，实现社会效应是其重要任务。生态效应的权重系数最低，为0.052，这表明，生态效应在优化农业用水价格机制的目标任务中占比较小，通过优化农业用水价格机制实现的生态效应也较低。最后，政策效应的权重系数为0.152，排序第三，这是农业水价综合改革中"先建机制，后建工程"的客观要求，表明了机制构建在实践探索中的重要作用。

2. 二级指标权重系数分析

节水效应中，农业灌溉水有效利用系数的权重系数最大，为0.529，农业灌溉水有效利用系数是农业用水灌溉效率的重要测算指标，总体上，我国农业灌溉水有效利用系数同发达国家相比差距较大，需要进一步提高；节水灌溉面积实施率的权重系数最小，为0.052，这表明推广农业技术及实现亩均节水的重要性高于单方面扩大节水灌溉面积；亩均用水量和节水技术推广率的权重系数分别为0.108和0.304，节水技术推广率的重要性仅次于提高农业灌溉水有效利用系数，且显著高于亩均用水量和节水灌溉面积实施率权重。

经济效应中，农民人均可支配收入的权重系数为 0.548，超过其他 3 个二级指标权重系数之和，表明农民人均可支配收入指标的重要性显著高于其他 3 项；其次是水费实收率的权重系数为 0.283，表现出水费实收率对保障供水机构日常运行的重要性以及对农业用水价格机制的建立有着重要的促进作用；亩均水费的权重系数排序第三，为 0.121；最后是亩均作物产量的权重系数为 0.048，表明农作物亩均产量提高与通过完善农业用水价格机制对农业经济效应提高的相关性在 4 个指标中相对较低。

社会效应中，工程设施产权界定率的权重系数最高，为 0.444，体现出清晰的产权是农田水利工程有效运行的重要保证；其次是计量设施配备率的权重系数，为 0.284，计量设施的完备是农业用水价格机制科学建立的基础，实现计量水价、终端水价及科学用量核算均需要计量设施配备到位；再次是用水合作组织参与程度权重，为 0.137，用水合作组织参与程度也是优化农业用水价格机制的重要指标，它体现了农业用水需求主体对用水价格机制的接受度和认可度，是衡量农业用水价格机制完善与否的核心指标之一；最后，工程设施管护率和灌溉用水保证率的权重系数分别为 0.090 和 0.045，由于灌溉用水保证率是以其他 4 个二级指标的有效程度为依据，因此重要性最低。

生态效应中，种植结构调整的权重系数最高，为 0.633，表明完善农业用水价格机制对生态效应中种植结构调整优化的重要性最高，同时也表明农业用水价格机制对生态效应中的水土保持增长和生态环境改善的相关程度不高，其中与水土保持增长的重要关联最弱，其权重系数为 0.106。

政策效应中，健全农业用水价格形成机制的重要性最强，其权重系数最高，为 0.685，农业用水价格形成机制是农业用水价格机制的核心内容，因此权重系数较高；其次是制订水价综合改革实施计划，其权重系数为 0.221，科学完善的实施计划是农业用水价格机制优化的基础，因而重要性高于健全农业用水价格调节机制；健全农业用水价格调节机制的权重系数为0.093。

（二）综合评价结果分析

1. 综合效应

武引灌区农业水价综合改革前，农业用水价格机制综合效应评价分值为0.645，评价等级为合格；水价综合改革后的农业用水价格机制综合效应评价分值为0.856，评价等级为良好。由此表明，武引灌区农业用水价格机制效应评价显著，改革前后农业用水价格机制综合效应提高了0.211，由合格等级提高到良好等级，并接近优秀等级，为其他大型灌区或农田水利工程构建农业用水价格机制奠定了基础，同时在多种机制构建和实践探索中积累了有效经验。

2. 节水效应

武引灌区农业水价综合改革前，农业用水价格机制的节水效应评价分值为0.676，评价等级为合格。节水效应指标下的二级指标中，农业灌溉水有效利用系数评价分值为0.71，等级为合格；亩均用水量评价分值为0.62，等级为合格；节水技术推广率评价分值为0.65，等级为合格；节水灌溉面积实施率评价分值为0.61，等级为合格。农业水价综合改革后的农业用水价格机制节水效应评价分值为0.823，评价等级为良好。农业灌溉水有效利用系数评价分值为0.87，等级为良好；亩均用水量评价分值为0.74，等级为合格；节水技术推广率评价分值为0.78，等级为良好；节水灌溉面积实施率评价分值为0.78，等级为良好。综上，改革前后的节水效应评价分值提高了0.147，其中，节水灌溉面积实施率改革前后差值最大，为0.17，表明武引灌区在改革过程中节水灌溉面积提高较多；亩均节水量的变化差值最小，为0.12，这存在一定的合理性和客观性，因为农作物在生长过程中的需水量存在临界值，亩均用水量的节约有限。

3. 经济效应

武引灌区农业水价综合改革前，农业用水价格机制经济效应评级分值为0.680，评价等级为合格；亩均作物产量、农民人均可支配收入、亩均水费和水费实收率的评价分值分别为 0.64、0.62、0.69 和 0.80，除水费实收率评价等级为良好外，其他 3 个二级指标等级均为合格。改革后的经济效应评价分值为 0.783，评价等级为良好，改革后的农民人均支配收入指标评价等级为合格，亩均作物产量和亩均水费评价等级为良好，水费实收率达到 100%，等级为优秀。综上，改革后的经济效应比之前提高了 0.103，其中水费实收率指标的差值最大，改革后比改革前提高了 0.2 个分值，表明农业用水价格机制经济效应中，武引灌区水费实收率的指标效应最为显著。

4. 社会效应

农业水价综合改革前，武引灌区农业用水价格机制社会效应评价分值为 0.661，评价等级为合格，计量设施配备率、工程设施产权界定率、灌溉用水保证率、工程设施管护率及用水合作组织参与程度 5 个二级指标的评价等级均为合格，评级分值分别为 0.67、0.64、0.68、0.68 及 0.69。农业水价综合改革后，武引灌区农业用水价格机制社会效应评价分值为 0.884，评价等级为良好，其中工程设施管护率评价分值最高，为 0.96，其次为用水合作组织参与程度，分值为 0.94，工程设施产权界定率的评价分值为 0.91，上述 3 个二级指标的评价等级均为优秀；计量设施配备率和灌溉用水保证率的评价分值分别为 0.80 和 0.84，评价等级为良好。总体上，社会效应较节水效应和经济效应显著，改革后的社会效应评价分值较之前提高了 0.223 个分值，社会效应总分值接近优秀等级，这表明，武引灌区农业用水价格机制在完善工程建设管理方面取得了较大突破，良好的社会效应有利于农业用水价格机制效应评价的显著提高。

5. 生态效应

农业水价综合改革前，武引灌区农业用水价格机制生态效应评价分值为 0.664，等级为合格；改革后的评价分值为 0.823，等级为良好，生态效应在改革后比改革前提高了 0.159 个分值。改革前的种植结构调整、水土保持增长率及生态环境改善 3 个二级指标评价等级均为合格；改革后，3 个二级指标评定等级均为良好。整体来看，农业用水价格机制的生态效应取得了良好成效。

6. 政策效应

政策效应是 5 个一级指标中变化最大的，没有实践就没有完整的机制构建，因此这样的变化是合理的、客观的。农业用水价格改革前，武引灌区农业用水价格机制政策效应的评价分值为 0.501，等级为不合格；改革后，农业用水价格机制的政策效应评价分值为 0.944，等级为优秀。改革后比改革前的政策效应提高了 0.443 个分值，等级从不合格跃升到优秀，也表明武引灌区注重农业用水价格机制的健全，由此形成了一套较为完善的农业用水价格机制。

与此同时，本章研究发现，农业用水价格机制效应评价从数理结果上论证了农业用水价格机制的政治经济学分析框架。为进一步优化我国农业用水价格机制，必须以"成本导向、支付可行、补贴精准、节水激励"四位一体科学合理的农业用水价格机制构成机理为核心，兼顾灌区、用水户、政府三方主体利益，推动实现"灌区可运营、用水户可利用、水资源可持续"。

第三节　本章小结

本章以四川省武引灌区为案例，对农业用水价格机制进行了效应评价，构建了农业用水价格机制的效应评价指标体系，系统评价农业水价综合改革前后，农业用水价格机制的变动效应，运用层次分析法进行了权重系数测算，运用模糊综合评判法得到各评价因素的判断矩阵，综合得到样本灌区在改革前后农业用水价格机制的综合效应及各层次效应的评价分值和评价等级。

首先，本章构建了农业用水价格机制效应评价指标体系，其中包括 5 个一级指标（节水效应、经济效应、社会效应、生态效应、政策效应），同时在各个一级指标下设立了二级指标，具体解释和测算上层指标。

其次，运用层次分析法测算出 5 个一级指标的权重系数，权重系数具体表示各指标在体系中的相对重要程度，其中节水效应的权重系数最大，为 0.408，生态效应的权重系数最小，为 0.052。运用相同方法对 5 个一级指标下的二级指标测算了相应的权重系数值。

　　最后，运用模糊综合评判法对 19 个评价因素进行了数据处理，同时得出 19 个评价因素的模糊评价矩阵，测算农业用水价格改革前后灌区农业用水价格机制 5 个一级指标相应的评价分值。研究表明，农业水价综合改革前，灌区农业用水价格机制综合效应评价分值为 0.645，评价等级为合格；改革后，灌区农业用水价格机制综合效应评价分值为 0.856，评价等级为良好。研究得出，农业用水价格机制效应评价从数理结果上论证了农业用水价格机制的构成机理，即合理的农业用水价格机制应建立在"成本导向、支付可行、补贴精准、节水激励"四位一体基础上，兼顾灌区、用水户、政府三方主体利益，推动实现"灌区可运营、用水户可利用、水资源可持续"。

第七章 国际农业用水价格机制
对中国的经验启示

　　农业用水价格机制并非中国所特有，而是具有共同特征的制度安排。借鉴国际成熟经验无疑具有重要的现实意义，本章重点分析国际农业用水价格机制现实做法，基于其农业用水价格定价机制和调节机制的运行特征，得出完善我国农业用水价格机制的经验和启示。

第一节 农业用水价格机制的国际借鉴

一 国际农业用水定价机制

（一）美国农业用水定价机制

　　美国农业用水价格定价机制包含全成本定价机制、支付能力定价机制以及市场定价机制。一般来说，联邦供水工程更多采用"成本＋支付能力"相结合的定价机制，州政府供水工程多采取全成本定价机制，西部地区一些严重缺水州存在短期的水权交易市场。[①]

　　1. "成本＋支付能力"定价机制

　　"上世纪80年代初，美国垦务法核准了美国的联邦供水工程，并由隶属联邦政府内务部的垦务局承建。"[②] 联邦垦务局的主要任务是

[①] Shirazb, Finkelshtain I., Simhon A., "Block-rateversus uniform water pricing in agriculture: an empirical analysis", *American Journal of Agricultural Economics*, Vol. 88, No. 4, 2014.

[②] 王建平：《内蒙古自治区农业水价研究》，博士学位论文，中国农业科学院，2012年。

对美国西部 17 个州进行水资源开发和利用，保证西部地区生产和生活用水，目前，除生产生活用水管理外，垦务局还负责西部地区的水资源管理、水质保护和其他环境计划，同时提高现有设施综合效应。垦务局没有用水初始配额权利，只能在新建水利工程时向州政府申请用水配额权，申请通过之后与供水单位签订合作协议，实现联邦水利工程投资回报，服务对象包括美国西部约 14.2 万农场主的 404.7 万公顷农田提供灌溉用水。① 目前，"联邦垦务局已建设 600 多座联邦水利工程，其中有 22.17% 的水利工程负责农田灌溉。联邦供水工程总投资约为 220 亿美元，按美国联邦经费管理规定，灌区农民需偿还71 亿美元"②，其他用水户偿还剩余部分。

　　联邦供水工程建设注重美国西部农业产业发展，因此其供水服务价格没有实行市场定价，而是采取"成本 + 支付能力"定价机制。采用支付能力定价机制的水价往往会低于农业用水投资成本，在保障供水机构再生产基础上，综合考虑农业灌溉用水户实际支付能力，同时"在水费征收上区分灌溉用水水费和其他水费，对不同用途水采取不同的计价方式，如灌溉用水水费会根据实际用水量或灌溉面积收取，而生活用水则依据水表读数来收取"③。"联邦水利工程投资的还款期限确定为 40 年，而实际还款年份常常超过 40 年，工商业和居民生活用水的价格不仅包括工程投资、运营维护费，还包括资金利息"④，农业灌溉水价是按农业用水户实际支付能力确定，无须支付利息；此外，"联邦垦务局还会充分考虑灌区内农作物类别、种植面积、种植季节、产值情况等相关因素，进而估算出农场主的水价支付能力，综合确定农业用水价格标准"⑤。农业用水户支付能力每五年进行一次测算，并作为确定灌溉用水价格的重要参考。"目前联邦水

---

　　① 此农场主数量约占美国农场主总数的 20%。
　　② 王建平：《内蒙古自治区农业水价研究》，博士学位论文，中国农业科学院，2012 年。
　　③ 代源卿：《我国水价规制的理论与实证研究》，硕士学位论文，聊城大学，2014 年。
　　④ 王建平：《内蒙古自治区农业水价研究》，博士学位论文，中国农业科学院，2012 年。
　　⑤ 柳一桥：《美国、法国和以色列农业水价管理制度评析及借鉴》，《世界农业》2017年第 12 期。

利工程的水价标准是工商业和城市居民生活用水价格为 0.04 美元/立方米，农业灌溉用水价格则因各分灌区所处区域不同而存在差异，一般在 0.004—0.016 美元/立方米之间"①。此外，联邦水利工程供水对象为长期用水户，低于成本的农业用水价格无法抵消不断增加的工程运行维护费用，导致联邦水利工程出现了难以为继的现实问题。

2. "全成本"定价机制

美国西部州政府水利工程主要向灌区和城市供水机构批量售水，再由灌区、市政当局及私营者等相关供水机构向用水户售水。② 水利工程投资修建主体多为州政府，建设资金主要通过发行债券筹集，因此，州政府水利工程采用全成本定价，用水户承担的农业用水价格包括工程投资成本、日常运营维护费以及资金利息等全部成本。全成本定价也称服务成本定价，是将项目管理、运行、维护等支出均纳入企业服务成本核算当中，州政府的全成本定价要求供水机构最终收入需要抵扣全部服务成本，包含投资所花费的贷款资金及利息，运行管理的全部支出，不考虑农场主实际支付能力。各州水资源局将农业用水价格分成两项，即蓄水水价和输水水价，并明确规定两项水价的核算方法，其中，蓄水水价用于补偿蓄水工程投资及设施运行管理成本支出，其价格根据供水合同计算得到的单位水量价格；对于用水合同户来说，蓄水水价是相同的，不区分农业生产用水还是城市生活用水。"输水水价用于偿还输水工程建设投资、利息、最低运行维护和管理费用，以及运行管理中的变动成本费用，由于各输水渠段的工程投入和运行维护费影响着输水价格，因而不同渠段的输水费用不尽相同，合同用水户所分摊的输水投资费用是按照用水户所处输水渠段的投资来决定的。"③ 此外，在美国西部严重缺水的几个州（新墨西哥州、

---

① 王建平：《内蒙古自治区农业水价研究》，博士学位论文，中国农业科学院，2012 年。

② Douglas R. Franklin and Rangsan Narayanan, "Trends in Western United States Agriculture: Irrigation Organizations", *Water Resources Bulletin*, Vol. 24, No. 6, 1988.

③ 王建平：《内蒙古自治区农业水价研究》，博士学位论文，中国农业科学院，2012 年。

加利福尼亚州①等），部分农业用水价格采用市场定价机制，依靠市场的供需调节实现水资源交易，部分水资源丰裕的农场主会将其水权转让给农业用水稀缺方。

表 7 - 1　　　　　　　　　　美国农业用水价格定价机制比较

定价机制	具体形式
成本 + 支付能力	在成本回收及不盈利的原则下，供水机构充分考虑用水户承受能力，通常农业用水价格会低于供给成本，农业用水价格作为社会收入再分配机制。
全成本	依据水利工程投资建设资金（含利息）、运营维护支出成本及服务管理成本制定农业执行水价，用水户定期偿还全额成本，美国西部州政府多采用全成本定价提供农业供水服务。
市场交易	美国水权法首先明确用水使用权，用水户可将此项权利视为商品自由交易，价格随市场供需情况而定，缺水严重的地区建立了水权交易机制。

（二）法国农业用水定价机制

法国自修建大规模的调水和输水工程以来，农民一直支付灌溉用水费用，大规模兴修灌溉工程始于相对干旱的南方地区，从 1960 年开始，法国全范围内修建农业灌溉工程，1975—1988 年，法国引水工程量增长了 43%。法国政府规定，水价制定以成本回收为最低标准，允许获取利润，同时，水价制定需包含排污成本和治污补贴。②这两大定价原则体现了法国农业用水价格既要支付开发投资成本，又要支付排污成本，更全面表现出水商品属性。前期，法国水费征收形式以灌溉面积计算，后来发展到实行两部制水价，包括每公顷的固定水费和根据实际用水量进行收费。"法国农业灌溉用水平均水价为 0.115 法郎/立方米（不包括水资源费），收取的水费中，10% 用于灌

---

① 目前，加利福尼亚州水利工程拥有 29 个长期合同用水户，供水能力达 49.3 亿立方米。

② Ariel Dinar, Ashok Subramanian, "Policy implications from water pricing experiences in various countries", *Water Policy*, Vol. 4, No. 1, 1998.

溉工程及设备维修，38%用于工程日常的基本运营，剩余用于工程前期的投资回收。"[1] 法国农业用水价格采用水费和税费相结合，其中，"水费包括偿还贷款、银行利息、运行管理、维修维护、技术改造等费用以及水资源开发利用和水污染防治有关费用"[2]，税费由水资源费和排污费组成。需要指出，法国农业用水价格包含对排污费和资源费的征收，是其定价机制的最大特征。

表7-2　　　　　　　　法国普罗旺斯农业灌溉水资源费[3]

区域	灌溉面积（公顷）	灌溉水量（立方米）	资源费（美元）	费用（美元/立方米）
普罗旺斯地表	50	200000	628	0.0031
普罗旺斯地下	50	200000	1309	0.0065

　　法国农业用水价格定价机制分为全成本定价机制和边际成本定价机制，全成本定价机制将私人成本和社会成本均纳入其中，农业用水价格既包括投资建设费用、设施维护费、日常管理费、设备更新费等内部成本，也包括排污费等外部成本，同时包含水资源规划、流域科研、水污染治理等社会成本。这种将工程投资、资源消耗、环境污染均纳入水价核算的定价机制实现了外部成本内部化，是法国比较典型的用水定价机制。[4] 边际机会成本定价机制提倡用水户自行承担水资源消耗的全部费用，具体而言，农业用水价格应包含水资源边际生产成本（即为供给水资源而产生的各类直接费用）和边际使用者成本，即农业用水过程中破坏环境造成的生态损失。

---

　　① 王建平：《内蒙古自治区农业水价研究》，博士学位论文，中国农业科学院，2012年。

　　② 李鹏：《可持续发展的农业水价理论与改革》，硕士学位论文，西北农林科技大学，2008年。

　　③ 柳一桥：《美国、法国和以色列农业水价管理制度评析及借鉴》，《世界农业》2017年第12期。

　　④ Ariel Dinar, Ashok Subramanian, "Policy implications from water pricing experiences in various countries", *Water Policy*, Vol. 4, No. 1, 1998.

　　为促进农业发展，法国农业部于 1955—1960 年成立了区域开发公司，这些公司通常将水出售给灌溉用水户，虽然这些私有公司能享受国有企业的优惠政策①，但在灌溉水价制定标准上，同样按照全成本进行定价。区域开发公司根据用水户种类、到水源距离、抽水成本、需求种类和使用季节进行相应收费，普通用水包含年固定费用、计量费用②以及附加提水费三部分。据测算，区域开发公司的农业灌溉水价在 0.022—0.171 美元/立方米，高于流域水利机构供水价格近 20%。法国农业灌溉水价因用水管理模式不同而差异较大，总体上，流域水利机构供水水价最低，区域开发公司或灌溉协会实行的河道输水水价较高，使用输水管网形成的农业用水价格最高。

表 7-3　　　　　法国不同用水管理模式下农业用水价格比较③

区域开发公司		灌溉协会		流域水利机构
输水管网 （美元/立方米）	河道供水 （美元/立方米）	合作河道供水 （美元/立方米）	河道供水 （美元/立方米）	河道供水 （美元/立方米）
0.171	0.022	0.081	0.118	0.002

（三）加拿大农业用水定价机制

　　加拿大主要灌溉区域位于西部地区，由灌区管理局和其他省属机构负责提供灌溉水量，中部及东部省份的灌溉用水多由农户自行负责。1987 年加拿大联邦政府出台《联邦水政策》④，提出了农业灌溉水价的定价原则是在水资源可持续发展条件下，结合全成本与用水户

---

　　① 例如有权使用公共基金。

　　② 这是根据用水户使用的量和时间（每年 5 月 15 日—9 月 14 日期间取水费高于其他时间）收费。

　　③ 柳一桥：《美国、法国和以色列农业水价管理制度评析及借鉴》，《世界农业》2017 年第 12 期。

　　④ Ariel Dinar, Ashok Subramanian, "Policy implications from water pricing experiences in various countries", *Water Policy*, Vol. 4, No. 1, 1998.

承受能力,体现农业水资源真实价值。联邦水政策要求"灌溉水价包含水资源相关开发成本、维护管理成本及污染处理成本"①。然而,执行水价往往只将服务成本作为定价依据,部分省份的灌溉水价甚至只考虑了工程运行管理费用,没有考虑整个供水工程的投资维护等成本,也没有考虑污染处理等支出。资料显示,加拿大仅部分省份的农民需要支付灌溉用水费,灌溉水费通常分为两种,一种为供水服务费,根据提供给用水户与用水相关服务进行收取,如蓄水、输水以及管理等②;另一种灌溉水费为水资源税,地方按要求对用水户征收水资源使用税。"加拿大农民支付了灌溉用水量的80%,其中,72%用于灌溉耕地;支付形式上,61%以用水服务费收取,19%以水资源税收取,4%以两种形式组合收取。"③

计收方式上,各省份采用的计收方式不尽相同,加拿大最常用的计收方式为每年每公顷统一水费,通常称为交接水价;其他还包括计量收费(用水户水价)和与灌溉面积无关的统一收费。通常情况下,计量收费仅在用水超过预定的最低限量时收取,然而,很多地区的计量水价并未起到合理配置水资源作用。按照计量计价测算不列颠哥伦比亚省灌溉水价,平均水价为0.165美元/千立方米,由地方当局提供的为0.198美元/千立方米;按照交接水价测算,普通用水户水费每年为90美元/公顷。在艾伯塔省,灌区管理局对两种权属用水户提供不同的灌溉用水价格,即永久水权用水水价和临时水权用水水价,通常永久水权水价比临时水权水价低,永久水权水价为每年每公顷6.5—27美元,而临时水权水价为每年每公顷7.5—36美元,这些水一般通过衬砌的渠道输送到各灌溉用水户。在萨斯喀彻温省,直接从天然河道、灌区、水库或从渠道引水的用水户,需要支付相应交接水

---

① 沈大军、王浩、梁瑞驹等:《水价理论与实践》,科学出版社2001年版,第51—53页。

② Tsur Y., "Economic aspects of irrigation water pricing", *Canadian Water Resources Journal*, Vol. 30, No. 1, 2005.

③ Tsur Y., "Economic aspects of irrigation water pricing", *Canadian Water Resources Journal*, Vol. 30, No. 1, 2005.

价或用水户水价，交接水价一般为每年 12.2 美元/公顷，而计量水价（用水水价）一般为 3.9 美元/千立方米[1]。

（四）以色列农业用水定价机制

总体上，以色列属于水资源稀缺国家，农业用水总用量年平均 9 亿立方米，占以色列总供水量的一半。由于水资源匮乏，以色列农业供水成本较高，水价也较其他国家高出许多。在水价制定上，以色列根据取水难度、供给效率制定水价标准，具体而言，浅井水和地表水开采难度较低，供水成本也是几种成本中最低的，平均为 0.1—0.15 美元/立方米；其次是深井水和深层地下水，其开采难度较地表水大，因而成本投入也较高，平均供给成本为 0.3—0.8 美元/立方米；最后，提灌水和淡化水，其设施投资最大，供水成本也最高，此类成本平均达到 0.8 美元/立方米。[2] 鉴于农业的弱质性及正外部性，以色列农业用水价格定价机制采用用水户支付能力定价，执行水价远低于供水成本，水利工程建设均由财政投资，用水户仅负担日常维护及管理成本的用水价格。

与此同时，为激励用水户节水，以色列制定了严格的用水定额制度[3]，实行超额累进加价制度，针对不同用水量实行差别较大的执行水价，极大地刺激了用水户调整种植结构，约束用水行为。以色列规定，"农作物平均定额用水 3000—7000 立方米/公顷，折算水费约为 360—480 美元/公顷"[4]，以此成本计算作物产量，棉花至少要达到 4.5 吨/公顷、柑橘单产要达到 5 吨/公顷才能盈利，这对种植户而言是非常困难的，因此以色列农业种植作物主要为高附加

---

[1] 沈大军、王浩、梁瑞驹等：《水价理论与实践》，科学出版社 2001 年版，第 51—53 页。

[2] 王建平：《内蒙古自治区农业水价研究》，博士学位论文，中国农业科学院，2012 年。

[3] Organization for Economic Co‑operation and debelopment，"Agricultural policy reform in Israel"，Paris：OECD，2010.

[4] 王建平：《内蒙古自治区农业水价研究》，博士学位论文，中国农业科学院，2012 年。

值的经济作物（蔬菜、鲜花等）。定额管理超额累进加价制度促进了以色列创新灌溉节水技术，探索出滴灌技术、压力灌溉及散布式灌溉等先进技术，节水技术的运用使得用水水价平均为 0.12 美元/立方米，平均经济作物的毛收入可达 4.5 万美元，水费仅占 1.3%。① 先进的节水技术保证了以色列农业灌溉的用水需求，并引领全球农业节水技术发展。

表 7 - 4　　　　　以色列农业用水价格超额累进加价标准②

农业用水定额范围	农业用水价格（美元/立方米）
<50% 定额	0.10
50%—100% 定额	0.14
100%—110% 定额	0.26
>110% 定额	0.50

（五）日本农业用水定价机制

"日本降雨充沛，但因人口众多，人均水资源不足，日本人均水资源量仅为世界平均水平的四分之一。"③ 日本地形近七成为山地，河流湍急且流量不均，不利于农业耕种，因此，河川水利工程和水资源开发利用显得尤为重要。早在江户时期，日本农业灌溉体系已基本建立，且枯水期还会发生用水户争抢灌溉用水，由此，政府颁布了《河川法》，用以指导灌溉用水的规范使用。日本农业用水价格包含水利设施的投资成本、运营维护费用和管理费用，通常不征收水资源费（税）。计收方式方面，日本大部分土地改良区采取按面积计收水费，仅少部分土地改良区按用水量进行计量收费。

---

① 柳一桥：《美国、法国和以色列农业水价管理制度评析及借鉴》，《世界农业》2017年第12期。

② 王建平：《内蒙古自治区农业水价研究》，博士学位论文，中国农业科学院，2012年。

③ 邢秀凤：《城市水业市场化进程中的水价及运营模式研究》，博士学位论文，中国海洋大学，2006年。

（六）澳大利亚农业用水定价机制

2004 年，澳大利亚《国家水法案》提出，农业供水及蓄水工程应以全成本计价实现自负盈亏。水价定价机制方面，"澳大利亚农业用水价格主要包括投资回收、资产成本、税收、机会成本、财务费用、管理费等，灌溉水价综合考虑作物种类、水质和用水量等因素，力求实现农业用水的全成本回收，同时，政府规定收取的水费只能用于水利工程的日常维护"①。计收方式方面，"澳大利亚农业用水价格实行基本水价与计量水价相结合的二部制形式，如昆士兰州的农业用水水价在定额内的基本水价为 1—3 美元/千立方米，超额计量水价为 10 美元/千立方米"②。

（七）印度农业用水定价机制

印度政府规定农业水价应实现成本回收，农业用水成本包含水利设施运行维护成本和部分水利设施的投资成本。③ 水费计收方面，不同邦制定的水费计收方式亦不相同，具体而言：一是按照种植面积或计量水费计收，印度大部分区域因计量设施不完善，水费多以农作物面积和农作物类型为测算标准进行收取；计量水费主要应用于糖产区、稻产区的国有引提灌区。"一般而言，国有引提灌区单方水价比合作组织提供的水价要高，这是由于国有灌溉系统包含了运行和维修成本。"④ 二是按照田土类型计收，分为湿地和旱地两种田土类型收取灌溉水费，平均来看，湿地水费一般在 7.4—54.4 卢比/亩，旱地约在 1.2—19.8 卢比/亩。三是按照季节及作物类型计收，主要计收方式分为固定水费、季节性水费和单一作物灌溉水

---

① 王建平：《内蒙古自治区农业水价研究》，博士学位论文，中国农业科学院，2012 年。

② 沈大军、王浩、梁瑞驹等：《水价理论与实践》，科学出版社 2001 年版，第 57—60 页。

③ Brian Davidson, Petra Hellegers, "Estimating the own-price elasticity of demand for irrigation water in the Musi catchment of India", *Journal of Hydrology*, Vol. 408, 2011.

④ 黄锦坤：《水资源价格形成机制研究——以贵阳市为例》，硕士学位论文，贵州大学，2008 年。

费，季节性水费比固定水费和单一作物灌溉水费要高，部分地区季节性水费是单一作物水费的 2 倍以上。地下水价格定价方面，印度对于利用地下水灌溉的地区，一般执行的农业用水价格为 0.5 美分/立方米，部分地区地下水收费按小时计算，也有按季节计收，收费低的邦平均为 3—6 卢比/小时，高的邦收取 25—45 卢比/小时；季节性水费支付采取租借水形式，水费相当于粮食产量的 33%—66%，总体上，地下水灌溉地区的用水水费占作物产值的 5%—10% 左右。水费承受力方面，"印度灌溉水价平均为 0.02—0.63 美分/立方米，平均作物产出为 10—20 美分/立方米，水费仅占产出的 0.2%—3.15%，印度还明文规定征收水费不得高于农户净收入的一半"①，总体上，灌溉水费所占作物产值比例较小，执行水价低于用水户支付能力，水费征收对用水户灌溉水量行为影响较小。

二　国际农业用水价格调节机制

（一）美国农业用水价格调节机制

美国农业用水价格采用分级管理，联邦政府、州政府以及市县政府三级对其管辖范围内的农业用水价格行使管理权。联邦政府仅负责直管区域的水资源价格制定，"一般牵涉到跨州、跨流域的水利工程或大型水利工程需由联邦政府水管机构建设和管理"②；美国各州政府相关部门主要负责中小水利工程运行管理；各市县水管机构承担区域内水资源投资建设和运行管理，同时向用水户提供各类供水服务。③此外，鉴于农业用水高度市场化，美国并无专门机构或部门统筹负责农业用水价格管理，而是将相应事务分配到不同部门。美国仅对农业用水价格出台了原则性规定政策，"即要求供水单位不以盈利为目的，

---

① 沈大军、王浩、梁瑞驹等：《水价理论与实践》，科学出版社 2001 年版，第 63 页。

② 代源卿：《我国水价规制的理论与实证研究》，硕士学位论文，聊城大学，2014 年。

③ Moncur, James E. T., "Urban Water Pricing and Drought Management", *Water Resource*, No. 3, 1987.

可通过供水生产经营活动实现水利工程投资的回收和满足工程运行、维护、管理和更新改造的必要收费"①。也就是说，美国农业用水价格政策仅规定水资源投资成本，没有统一的价格执行单位和执行标准，使得不同类型的供水机构在制定农业用水价格时存在着一定差距。"一般而言，联邦及各级政府负责的水利工程执行水价均为补偿成本和投资的费用支出，私人企业和各供水公司的执行水价包括合理利润和税金。"② 目前美国没有综合性农业用水价格审批部门，政府仅对农业用水价格进行宏观管理，"各供水机构根据自己的生产实际和市场情况，在供水成本接受审查和社会监督的基础上，特别强调与用水户的沟通和协调来制定水价"③。

由于供水服务成本及用水户承受能力的不断变化，美国农业用水价格一年调整一次，供水机构会在调价前组织用水户代表协商讨论，预测未来几年水市场供需情况、供水及污水处理预算，保证农业用水的收支平衡。价格调整期间，相关合作组织机构参与监督，举行农业用水价格听证会，提高用水户水价调整情况的知情权和透明度。补贴机制方面，为扶持农业发展，美国政府对农业用水实行间接补贴机制，包括信贷支持、政策支持和税收优惠等。具体而言，信贷支持是政府给予农田水利工程长期无息贷款，农场主均可无息偿还工程建设费用；政策支持是政府承担部分工程建设成本，以减少农场主偿还金额；税收优惠是美国政府规定水利工程可免于缴纳税费，同时税务部门会将所收部分资金用于偿还工程建设贷款。政府通过多元化措施，同时降低了农业水资源供给方和需求方的运营成本④，确保农业用水价格按照政府宏观指导价格执行。

---

① 陈亮：《发达国家水价制度比较及启示》，《管理科学文摘》2007 年第 5 期。

② 代源卿：《我国水价规制的理论与实证研究》，硕士学位论文，聊城大学，2014 年。

③ 黄锦坤：《水资源价格形成机制研究——以贵阳市为例》，硕士学位论文，贵州大学，2008 年。

④ 如美国西部的图拉丁水利灌溉工程，其总投资达 0.587 亿美元，由灌区承担的总成本为 0.315 亿美元。

（二）法国农业用水价格调节机制

法国水资源虽然丰富，但分布不均衡，南部地区水资源供给不足的问题较为突出。为促进农业节水发展，法国政府充分发挥价格杠杆对水资源交易的市场调节作用，其中《国家水法》对水价制定做出了明确规定，要求各级水委员会制订的水资源开发利用方案必须公开听取各方意见，重大水利项目需听取多方意见，用水协会、供水公司及用水户等均可积极参与水价制定，提出意见和建议，各级水管理部门对用水户提出的问题或意见进行及时反馈。[1] 法国水资源投资建设与运行管理实行分级管理体制，形成了国家—流域—市镇三级水资源管理体系，大区和省级等地方政府分级管理水资源投资建设及运行管理，同时法国积极引导用水户共同参与水资源管理。

表 7 - 5 　　　　　　　　　　**法国水资源管理机构**[2]

层级	机构形式	主要职能
国家	环境部、国家水委员会、水问题常设机构	负责协调、监督相关用水工作，制订流域水资源开发规划，设立各地区水资源发展目标，指导监督流域机构的工作以及其他与水资源有关的工作。
流域	流域委员会、水务局	流域委员会负责与用水户共同制定用水价格，水务局负责征收用水户使用水费以及污水税（费），水价政策受国家环境部监督管理。
地方	区域供水机构	参与管辖区流域开发计划的制订执行，确保供用水双方的权利和义务。

农业用水价格调整方面，法国水价调整注重民主参与和多方协商，实行价格听证制度，确保水价合理变动。水价调整过程要求用水户代表全程参与，便于对水价调整的原因、资金使用、设备改造及更新等计划

---

① Ariel Dinar, Ashok Subramanian, "Water pricing experiences", *World Bank Technical Paper*, Vol. 386, 1997.

② 黄涛珍：《面向可持续发展的水价理论与实践》，博士学位论文，河海大学，2004年。

充分知情并及时监督，供水企业的经营情况除上报主管机构外，还要接受广大用水户的监督和审查。同时，为及时了解用水户诉求，法国政府设立了用水价格投诉部门，有效解决用水户反映的问题，提高供水企业服务质量，促进农业用水供需双方有序发展。农业用水价格补贴机制方面，为促进农业经济发展，法国政府对部分重点流域的灌溉工程投资给予财政补贴支持，降低供水方前期投入成本；同时，政府通过发放困难农户扶持金补贴农业生产，补贴金包括了一定比例的农业水费。

（三）加拿大农业用水价格调节机制

加拿大农业用水实行分级管理，总体分成联邦政府和省级政府两级管理机构，管理权限划分主要依据水流域，跨省工程、国家公园、跨区域活动水体实行联邦政府统筹①，各省负责内陆水体的开发建设及运行管理。

表7-6　　　　　　　　加拿大主要水管部门职责情况

层级	具体部门	主要职责
联邦水管机构	五大区水管局、环保司、大气司等	五大区水资源管理、水污染防治、水文测算等。
	草原牧场管理局	草原诸省的供水及农业灌溉。
	环境健康管理局	饮用水及疗养地水域的水质管理、水质监测及水质管理条例的制定与修订。
省区水管机构	省环境保护厅	区域水资源供给服务管理，对接所属各市镇及私营公司，保障区域内合理用水。

水价调整方面，加拿大农业供水成本实行年结制度，水价调整一般由灌区根据每年成本变动情况进行相应调整。总体上，加拿大农业用水价格较为稳定，工程供水服务前便与用水户签订用水合同，明确水价标准和服务管理费用细则。价格补贴机制方面，加拿大依靠政府补贴维持低价供水，价格补贴机制落实明确，用水户使用农业用水的

---

① Tsur Y., "Economic aspects of irrigation water pricing", *Canadian Water Resources Journal*, Vol. 30, No. 1, 2005.

价格总体较低。

（四）以色列农业用水价格调节机制

1959 年，以色列颁布《水法》，并以此指导以色列水资源管理。《水法》的政策指导性较强，政府进行水费收取的基本原则和收取方式均参照《水法》。《水法》规定，以色列水资源是国家所有的公共资源，私人不具有水资源所有权。2006 年，以色列进行了机构调整，调整之前，水资源管理由多个部门分别管理，基础设施部负责大型骨干水利工程规划建设，农业部负责农田水利设施及农业节水设施建设维护，财政部负责水利项目投资补贴的相关事宜，内务部具体制定水费收取标准及方式。[1] 改制后，以色列整合了各部门的下属水资源管理职能，成立了"国家水与污水资源管理委员会"，统筹管理全国水资源，制定水资源管理原则，水管委下设有水管局，具体负责水资源价格管理，包括水价制定标准、征收形式、定价机制、补贴机制等。同时，以色列各级水资源利益主体选举代表成立了水资源理事会，共同参与水资源价格管理。补贴机制方面，以色列《水法》明确规定，农田水利工程是国家补贴的重要领域，农田水利工程建设投资均由政府财政负担，农业生产所需灌溉工程均由政府投资建设，用水户仅承担日常运营管理成本的70%[2]，其余由政府补贴。当供水单位入不敷出时，可申请政府补贴；同时，农业末级供水服务可申请不高于总投资额度30%的财政补贴，也可向银行申请长期低息贷款，政府对贷款给予全额担保。

（五）日本农业用水价格调节机制

管理主体方面，"土地改良区作为农业生产发展的重要组织形式，负责灌溉水价制定和灌溉水费征收。土地改良区具体负责收缴包括农业水费在内的生产资料费用，管理农田水利等生产设施，以及维护供

① Origanization for Economic Co-operation and debelopment，"Agricultural policy reform in Israel"，Paris：OECD，2010.

② 柳一桥：《美国、法国和以色列农业水价管理制度评析及借鉴》，《世界农业》2017年第12期。

水服务的正常运行"①。补贴机制方面，"日本对农业用水价格的补贴主要集中在水利工程建设投资方面，中央政府对灌溉面积超过 5000 公顷的骨干水利工程投资 70%，地方政府（都道府县、市町等）投资 20%，用水户仅分摊 10%；小于 5000 公顷的一般水利工程由地方政府负责投资，中央政府投资占总建设成本的 50%，地方政府投资占比 25%，用水户负担建设成本的 25%。日本土地改良区农业水费收入不足总收入四分之一，财政补贴占总收入超过 17%"②。为缩短土地改良区投资回收期限，政府联合金融机构提供低息贷款，同时给予土地改良区项目补贴，为基层供水服务提供金融保障。

（六）澳大利亚农业用水价格调节机制

澳大利亚水资源所有权同以色列一样，属国家公共资源，个人没有水资源所有权，取用水资源必须得到国家许可，具体由州级机构负责分配用水，包括环境和河流保护带用水以及农业灌溉用水，供水主体分为政府控股、政府经营和私营三种形式。③ 20 世纪 80 年代，许多辖区进行农业供水管理体制改革，并引入水交易概念，这时灌区取水许可才和具体的田地联系起来。"各州在 1994 年共同签署了用水改革协议，明确了水价制定的基本原则，即以按量计价和减少政府补贴为基础，实现农业灌溉用水的全成本水价。"④ 补贴机制方面，"政府负责修建斗渠以上的所有灌溉工程，农场主仅需负责建设范围内灌溉设施的投资维护，其中七成渠系运行维护费源于农业水费，三成来自政府补贴"⑤。同时，为鼓励农民参与水利工程建设，政府可向农民

---

① 王建平：《内蒙古自治区农业水价研究》，博士学位论文，中国农业科学院，2012 年。

② 穆兰：《水权视域下农业水价形成及传导效应研究》，中国社会科学出版社 2017 年版，第 54 页。

③ Ariel Dinar, Ashok Subramanian, "Water pricing experiences", *World Bank Technical Paper*, Vol. 386, 1997.

④ 王建平：《内蒙古自治区农业水价研究》，博士学位论文，中国农业科学院，2012 年。

⑤ 王建平：《内蒙古自治区农业水价研究》，博士学位论文，中国农业科学院，2012 年。

兴建的节水灌溉工程提供低息贷款，鼓励用水户更新用水技术和设备，促进节水灌溉。

（七）印度农业用水价格调节机制

印度宪法规定，国家和各邦有权进行水资源管理并制定水价标准，《水政策》要求灌溉水费应当用于回收工程投资成本和运营维护费用。此外，印度政府实行多元补贴机制，对农田水利工程的建设投资以及大型工程运营管理支出进行补贴，"鼓励银行对水利工程融资贷款给予利率优惠或免息，同时对农户给予柴油灌溉用电补贴等"[①]。

第二节　完善中国农业用水价格
机制的经验和启示

一　农业用水价格机制的国际经验

对上述各国农业用水价格机制进行分析可以看到，各国农业用水价格运行各不相同，从特定管理部门到不同部门分类管理，从服务成本定价到能力支付定价再到几种定价机制交叉，从民间用水管理组织到政府用水管理部门，从政府独立制定农业用水价格到各级主体共同参与水价调整，从投资补贴到设施补贴再到融资补贴，体现出独有的特殊性和适应性，其可借鉴的共同性经验主要包含如下五个方面。

一是定价原则多以投资回收为目标。美国明确要求供水企业以投资补偿为目的，通过供水经营服务，实现水利工程投资回收和满足工程运行维护及管理改造。法国政府规定，水价要确保投资回收，在此基础上可适当盈利，同时，水价制定需要"排污者付费和治污者补偿"，体现出法国水价更倾向市场化。加拿大提出，农业灌溉水价应考虑水资源开发利用的可持续性，同时结合综合成本与用水户支付能力，体现农业水资源真实价值。以色列农业用水价格制定更倾向农业

---

① 王建平：《内蒙古自治区农业水价研究》，博士学位论文，中国农业科学院，2012年。

节水使用。日本改良区明确农业水价需要弥补投资及日常管理；澳大利亚要求，农业供水及蓄水工程应以全成本计价实现自负盈亏。印度则认为，实行灌溉水费收取是回收部分的工程投资和全部运营维护的重要保障。综上，农业用水价格定价原则多数以投资回收为核心，在此基础上，兼具盈利和税收性质，多数国家现行农业执行水价仅补偿了投资和运行费用，少数国家能够实现盈利。

二是定价机制多采取成本定价。美国不同供水层级采用的定价机制亦不相同，联邦政府更多考虑用水户承受能力，采用成本和支付能力相结合的定价机制，用水户支付水价全部用于偿还无息成本，而州政府将工程投资利息全部纳入核算成本，据此制定农业用水价格标准，州政府执行水价并未考虑农场主实际支付能力。法国主要实行两种定价机制，一种是两部制定价机制，包括每公顷的固定水费和根据实际用水量进行收费，同时，法国农业用水价格包括排污费和资源费；一种是全成本定价机制，将工程投资、资源消耗和环境污染全部纳入成本核算标准。加拿大农业用水主要实行实际支付能力定价机制，部分地区农业用水价格仅考虑了工程运行管理费用。以色列农业用水定价机制主要采用超额累进加价制度，政府对各类作物用水制定配额，根据配额不同比例制定水价标准，鼓励用水户积极创新节水技术和节水方式。日本农业用水定价实行服务成本定价机制，水价主要包含工程投资成本、运营维护费以及日常管理费等。澳大利亚农业用水价格采用全成本定价机制，水价主要包括投资回收、资产使用、税收及机会成本等。印度农业用水定价同实行成本定价机制，水价总体上需能够补偿水利工程投资及运行维护费用。综上，国际农业用水价格定价机制主要采用成本定价机制，征收水价主要用于灌溉工程投资成本及运行维护费用支出，较少将利润和税收纳入农业用水价格核定之中，农业用水整体上被认定为公共福利资源，水价运行并不完全遵循市场规律，需由政府引导制定。

三是计收方式多实行差别计收。美国主要采用固定费用计收方式，在前期核算好水价标准上将水费固定分摊到各用水户。法国主要采用计量收费，用水户依据所用水量缴纳水费。加拿大农业用水价格计收方式不一，最常见为按面积计收，通常按每公顷计收，计量水费仅在超额用量下征收，同时计量水费的水价标准整体高于固定水价。以色列农业用水计收方式较为统一，整体上采用计量计收，对用水量在不同定额比例下的农业用水价格制定了不同执行标准，用水户对超额用水需支付高昂用水费用。日本计收方式主要采用按灌溉面积计收，仅部分地区采取计量计收方式。澳大利亚整体上实行基本水价加计量水价的两部制方式，计量水价标准高于基本水价标准。印度各邦执行着不同的水费计收方式，主要计收方式有按面积计收、按季节计收和计量计收。综上，各国农业用水价格计收方式多实行固定费用计收，具体政策标准根据地方实际情况因地制宜制定，从用水效率、节水效率和征收效率目标下分析，对不同作物制定定额限制，在定额范围内执行固定费用，超过定额范围采用计量计收，且计量水价标准高于基本水价标准。

四是管理体制多采用分级管理。美国主要采用分级管理，联邦政府、州政府及市县政府各自管理辖区范围农业用水，同时由于高度市场化，美国并无单独部门统筹负责，用水各项事务是分配到相应部门进行管理的。法国也实行分级管理，只是在级别划分上与美国不同，法国采用政府、流域、地方三级管理，流域级别成立的流域委员会，是用水管理的核心机构，具体负责流域范围用水的价格制定及运行管理；加拿大采用联邦政府和省级政府两级管理，联邦政府负责跨省水利建设及水资源保护等工作，具体水价执行和工程维护由省级部门负责。以色列现行水资源管理部门为水管会，具体水价制定及运行管理由下设水管局主要负责。日本土地改良区是实行农业用水收费的主要地区，改良区具体负责农业用水价格制定及管理。澳大利亚实行政府许可、州政府总体负责水资源保护和用水管理制度。印度水资源实行国家和邦两级管理，各邦依据自身情况，制定水资源管理的具体措施。综上，各国水价管理体制均采用分级管理体制，只是在级别划分上各有不同，同时在管理机构上存在差异，既有独立部门专项管理，又有多个部门协调管理。

五是补贴机制呈现多元化。美国对农业用水实行间接补贴机制，包含信贷支持、资金支持以及税收优惠等。法国对骨干水利灌溉工程给予财政补贴以及家庭困难农户发放扶持基金。加拿大政府实行基础设施投入补贴，保证了农业用水价格的低价运行，同时有利于维持供水单位运行稳定。以色列政府负担主要工程投资建设，同时对供水单位提供30%的运行补贴，有效保障供水机构运行的平稳有序。日本实行中央和地方政府分级补贴机制，各级财政补贴整体占工程投入的25%—70%。澳大利亚政府负责斗渠以上的工程投资，同时政府提供供水单位30%的运行补贴。印度的补贴机制较为多样，既有对工程投资、维护费用和融资方面进行补贴，又有对用水户的电力支持补贴。综上，国际农业用水价格补贴机制呈现多元化，总体上可分为直接补贴和间接补贴两类，直接补贴是政府直接对水利工程和供水单位运行出台明确的补贴政策，包括资金补贴和设施补贴两方面，间接补贴是政府不直接对项目本身进行补贴，而是在信贷支持、税收优惠、政策开放等方面制定相应优惠条件。

二　完善中国农业用水价格机制的启示

对上述各国农业用水价格运行情况的经验分析，我们可知，各国农业用水价格机制相对完善，政策配套较为完整，水价管理规范合理。总体上，对我国进一步完善农业用水价格机制具有以下三方面启示。

（一）成本定价是农业用水价格形成机制的实践基础

从各国实践情况来看，鉴于水资源商品的公共性和水商品经营的垄断性，定价依据均遵循成本定价，仅是对纳入成本的具体指标界定不同，由此衍生出不同的成本定义。一是服务成本，又称全成本，是指水利工程投入的全部成本，包含投资成本、运行成本、维护成本、更新改造成本，其中项目投资是以融资方式完成的，则融资成本（利息等费用）也要相应纳入全成本核算。二是运行管理成本，由于许多国家的骨干水利工程由国家投资建设，或政府负责主要部分项目投资，原则上这一部分的投资成本不应纳入水价核算标准当中，相应的水价标准更多要依据运行管理成本进行核算，运行管理成本是供水机构保障运行稳定，维护供水服务的必要支出费用，包括人员工资、日常管理费、运行费、设施维护费以及设备更新、改造费。不同的定价机制采用的成本核算方式不同，市场化较高或用水户实际支付能力较高的国家和地区可采用服务成本核定水价，市场化较低或用水户支付能力较弱的国家和地区应采用运行管理成本定价机制。我国 2016 年出台的《关于推进农业水价综合改革的意见》明确，"农业用水价格应逐步提高到运行维护成本水平"，这也体现出我国当前充分考虑到农业用水户支付能力以及农业用水的公共属性，形成了以成本补偿为原则的农业用水价格形成机制，农业用水价格制定及水费收取主要是在投资成本回收基础上，保障灌溉工程持续稳定地发展运行，体现出农业用水不是以营利为目的的一般价格商品。

（二）科学的计收方式是提升农业用水管理效率的有效手段

一方面，从各国实践情况看，实行按面积收费和按季节收费的国家和地区仍不在少数，这两种计收方式操作性强，运行成本低，对于偏远地区和缺乏计量设施的地区较为适用，但存在的主要问题是节水激励缺失，用水户支付与用水量无关的固定费用。同时此类计收方式不利于水利设施的运行维护，供水机构收取固定成本，无论中间输水设施的效率如何，用水户只是缴纳固定费用，导致用水户对水利设施管道维修管护漠不关心，同时，供水机构对设施维护积极性不高，对设施跑冒滴漏等情况不愿支付维护费用，更不必说设备改造更新的必要投入。如此一来，农业用水必然大大超过正常用水量，不利于农业节水，也未体现出水资源商品价值。另一方面，计量收费虽然可以实现按量计收，通过价格杠杆实现水资源的合理配置，有利于用水户节水行为形成，对灌溉用水设施的输水效率关注度也会更高，进而倒逼供水机构加大设施维护投入，提升设施输水效率，但其存在的问题是成本投入过高，对于我国土地分散化、细碎化的灌溉用地①，计量设施的投入高昂，这一部分的成本投入缺乏有效的投资来源，用水户和供水机构均缺乏设施投入的经济能力，而政府财政补贴也无法承担。因此，采用基本水价与计量水价相结合的差别计收是当前农业用水价格计收方式的有效途径，基本水价在充分考虑用水户支付能力基础上制定，计量水价有利于实现农业节水。进一步而言，分区域和作物制定用水定额，在定额范围内执行基本水价，水价原则上用于补偿运行管理成本，保障用水户有足够的支付能力和支付意愿；计量水价则是在用水量超过定额范围的高价计收，计量水价标准依据全成本进行核算，全面核算工程投资投入成本，这样既能实现灌溉投资的有效回收，又能通过价格杠杆实现水资源优化配置，有利于用水户促进节水行为，同时激励用水户调整种植结构，创新农业节水技术，推动农业可持续发展。

（三）合理的奖补机制是推动我国农业水价调节机制合理运行的关键保障

分析表明，上述国家均建立了农业用水补贴机制，基于降低用水户成本负担、农业节水及水资源保护目标，促进了农业水资源的合理有效配置，保障了用水户的有效支付及供水机构的稳定运行。具体而言，对供水工程投资建设的直接补贴体现出水利工程的公共品属性，也有利于水资源保护的有效实行，在成本核算中实行财政补贴是给予用水户支付能力的充分考量。部分节水奖励机制或节水技术创新也表明，合理的奖励机制能够有效促进农业节水技术创新及节水效果实现。与此同时，各项间接补贴政策同样有利于农业用水供需双方的长效发展，信贷支持、税收减免及政策优惠等间接补贴是机制运行的软性保障，是保证农业用水价格机制优化构建的稳定器，合理的财政支持补贴政策对优化农业用水价格调节机制至关重要。

---

① 我国绝大部分省份的耕地存在细碎化，人均不到 1 亩的耕地却分散成几块甚至几十块，若分块土地都要安装计量设备，仅 1 亩土地的计量设备费可能高达上千元。

第三节　本章小结

本章分析了国际农业用水价格机制现实做法，基于其农业用水价格机制运行特点，得出对完善我国农业用水价格机制的经验和启示，为优化我国农业用水价格机制提供合理借鉴。

首先，本章主要分析了美国、法国、加拿大、以色列、日本、澳大利亚以及印度的农业用水价格机制，具体从农业用水价格定价机制和农业用水价格调节机制两方面对国际农业用水价格机制进行了梳理。

其次，本章基于各国农业用水价格运行情况，结合我国现实情况及自身特点，对比得出各国农业用水价格定价原则、定价机制、计收方式、管理体制及补贴机制五个方面的主要经验；进而得出成本定价是农业用水价格形成机制的实践基础，科学的计收方式是提升农业用水管理效率的有效手段，合理的奖补机制是推动我国农业用水价格调节机制良性运行的关键保障的启示。

第八章 优化中国农业用水价格机制的政策构想

本章提出了优化"成本导向"和"支付可行"视角下农业用水价格形成机制的政策构想、"补贴精准"和"节水激励"视角下农业用水价格调节机制的政策构想以及农业用水价格机制的配套政策构想,为进一步完善我国农业用水价格机制提供有效支撑。

第一节 优化"成本导向"下农业用水价格形成机制的政策构想

一 科学建立灌区成本核算体系

构建农业用水价格形成机制的基础是科学建立灌溉用水成本核算体系,依据《水利工程供水价格核算规范》,结合各地灌区单位实际运行情况,综合制定供水成本核算体系,规范成本核算细则,加强成本管理,为科学制定或调整农业用水价格提供有效依据。具体而言,一是正确划分供水成本核定范围,依据有关规定,探索灌区成本认证机制,严格明确可纳入成本核算细项,对不能纳入管网漏失率、产销率等费用明确规避,严防灌区不合理开支被纳入成本核定范围,合理分摊灌区各项费用,做好灌区定员定编标准,强化财务监管力度,规范会计核算。二是建立区域成本平均核定机制,各灌区建立供水成本平均核算模型,依据不同末级生产成本费用,综合采用平均成本定价,建立平均成本动态调节机制,确保灌区平均成本核定适应工程更新改造等增加投入，制定灌区公益性资产界定细则，灌区间建立成本考核机制，有效解决个别渠系或单个灌区成本结构不合理等问题。三是构建灌区成本监审机制，对灌区成本核定建立审查机制，供水单位实行台账管理制度，物价部门可以对灌区供水成本定期进行稽核审查，保证供水成本核定规范。四是构建灌区供水成本数据管理平台，建立供水行业平均成本统计核算制度，建立成本与价格信息管理平台，定期公布各灌区成本核算信息，便于物价部门审核及成本管控。五是实行灌区成本评审机制，灌区在调整灌溉供水成本及农业用水价格前建立评审机制，组织专业评审机构、用水户代表及用水组织等利益主体，对灌区经营管理支出、调整价格等环节进行系统全面、科学规范的论证评议，确保审议结果各个环节公开公正。

二　确保灌区市场化运行的基础地位

"我国灌区管理单位不同程度地存在职能分散、层级繁多、水管单位性质不清的问题"[①]，需要引入市场竞争机制，发挥市场进行资源配置的决定性作用，一是尽快实现灌区水管单位供水经营与政府职能相分离，分离水管单位的纯公益职责，建立地方性用水投资公司，盘活国有资产，确保水管单位作为用水供给方进行市场交易实现企业目标。二是激发社会资本提供供水服务，增加竞争主体，采取"国有民营"等多种经营方式，以供水流域为单位组建水务集团参与市场竞争。三是强化投资约束，减少政府投资供水单位，强化供水单位市场化运行，明确政府仅对灌区单位的水质、服务、价格调整负有监督和协调职能，注重水资源的规划、保护和治理，定期开展审价工作，及时了解供水单位运营现状和存在的问题，推动供水企业体制改革。

三　完善农业用水价格制定准则

一是制定分级农业用水价格准则。我国《水利工程供水价格管理

---

① 于广臻、于广辉、高士军等：《水价管理存在问题及探讨》，《水利科技与经济》2002 年第 4 期。

办法》规定，水利水价分为政府定价和协商定价，原则上规定大中型灌区骨干工程实行政府定价，大中型灌区末级渠系和小型灌区及社会资本投资的工程可根据自身情况选择定价方式，合理优化市场对水资源的合理配置。进一步而言，农民用水合作组织自建自管或私人投资的小型水利，可实行市场定价，通过农民用水合作组织自定或供需双方自行商议，形成农业协商用水价格。二是制定合理的差价体系准则。合理的农业用水差价体系包括农业水资源类型差价、地区差价、季节差价和作物类型差价，制定地表水和地下水差价标准。当前我国部分地区存在地下水超采、生态环境破坏等问题，地下水超采要采取适当措施，如征收包括自备井用水户和供水机构在内的地下水资源费（税），使得地下水开采成本高于地表水，严控超采地下水。制定地区差价标准，我国不同地区水资源丰缺状况不同，对水资源稀缺程度不同的地区实行分档定价，引导用水户根据区域水量状况选择适宜的种植结构，空间上实现水资源的高效配置。制定季节差价体系，通过丰水年、平水年和枯水年制定差价或浮动价格机制，调整用水户合理用水行为，在时间上缓解供需矛盾，提高供水利用效率。制定作物差价标准，根据不同作物用水效应，区别粮食作物、经济作物和设施作物水价标准，分别征收不同水价，原则上粮食作物水价应低于经济作物和设施作物，同时对用水量大、效益好的作物可实行更高水价。与此同时，我国应适当提高农业水资源排污费（税），促进农业水资源生态优化；对实行联合调度水资源、集中管理的水利工程及跨区域供水集团实行统一定价，缓解多主体、多环节供水成本间的矛盾。综上，因地制宜建立合理的差价体系，系统提高农业水资源利用效率，是优化农业用水价格形成机制的有效途径。

四　科学确立农业用水计收方式

确立科学的农业用水价格形成机制，遵循历史规律，针对不同区域、不同情况采用不同的水费计收方式。一是实行农业用水定额管理，定额配给可视作初始水权，是国家赋予农业用水户的用水标准，用水定额标准的确定可依据近几年平均供水量确定，也可由专业技术人员通过现场考察测算最佳利用效率。前一种办法操作便利，后一种办法科学规范，从实践情况看，在平均供水量基础上进行适当削减，或逐年递减，可能更加有利于农业节水。二是实行超额累进加价制度。超额累进加价制度是指在科学制定农业用水定额基础上，合理确定水价阶梯和加价幅度，在用水定额内实行低成本水价向等成本（运行维护成本）水价过渡，超过定额用水，实行累进递增的高价制度，超额部分水价可参考工业用水或城市用水价格水平制定。超额累进加价制度有利于促进用水主体有效节水，提高农业灌溉水利用效率。三是实行两部制水价制度，其中基本水价在用水指标内缴纳固定水费，与用水量无关，基本水价应采用政府定价，保障水利工程管理的基础运行；计量水价即按量交钱，对超出定额的部分实行累进加价，计量水价应实行协商定价，由供水机构参照政府指导价，结合用水户承受力与供水成本协同制定。计量水价有利于促进农业节水，加强供水机构成本约束。

五　落实农业供水管理

针对不同管理体制确立相应的水价管理主体，科学形成国有水利骨干工程灌溉水价政府管理，末级渠系及小型灌区水价用水户管理的管理体系。一方面，明确政府管理国有水利工程灌溉水价，对国家投资的水利工程，由财政负责工程建设投入及维修养护；由企事业单位负责的国有水利工程，则根据企业性质实行国有管理或自主运行，相应的国有水利工程补贴也需制定不同标准。由企业自主投资建设或承包的水利工程则应区分作物类型，原则上粮食作物种植可享受补贴，补贴对象不局限于种植农户。另一方面，落实用水户管理末级渠系或小型灌区农业用水价格，加快完善中小微并举的农田水利工程体系，建立末级渠系或小型灌区农业用水协商议价，末级供水单位和用水户可稳步探索协商定价，用水户也可通过多种经营收益制定不同标准的末级渠系水价。此外，应加强农业用水供给侧结构性改革，明确国有水利工程由国家财政投入建设及维修养护，具体由供水单位负责国有工程管理，提高农业供水效率，逐步建立考核测评机制；末级渠系及小型灌区明确由农民用水合作组织或投资主体加强管理。同时建立专项基金管理账户，建立自上而下的水利专项基金账户，供水单位除按规定留足必要的运行维护费用外，剩余费用及收入都应进入水利专项基金，专项用于工程水利扩大再生产。

第二节 优化"支付可行"下农业用水价格形成机制的政策构想

一 促进用水户增产增收提高水价实际支付能力

制定合理的农业用水价格形成机制必须考虑用水户承载力，尤其是用水户的实际支付能力，一旦用水价格超过其承受力，势必造成农业用水需求降低，生产用水投入不足，甚至出现减产或停产危机。当前我国多数用水户对农业用水价格的承受能力有限，农业用水价格必须着眼于农村发展的现实阶段特征，基于成本收益和收入情况，综合考虑用水户承受能力，将农业用水价格控制在用水户承受能力范围之内。此外，用水户承载力支付随着农业效益增加而增加，只有不断提高用水户承载力支付才能保证农业用水价格的市场运行，为此，要通过农业种植结构调整增加农业经营效益，加大农民技术培训力度，不断增加农业产值效益，搭建产供销输送平台，逐步提高农产品经营利润收益。同时，农作物灌溉应随着农业生产结构调整相应改进，满足用水户对供水市场的调整需求。只有用水户实现增产增收，相应的农业用水价格承载力才会提高，农业水市场经济循环才能实现长效运行。

二 强化宣传提高用水户心理支付意愿

为保证农业用水价格合理执行，优化农业用水价格形成机制必须注重考察用水户心理支付意愿，前文提到税费改革后出现农业水费收取率低甚至出现抵制缴纳等现象，均是由于农民缴纳农业水费的心理支付意愿较低。为此，应加大宣传教育力度，定期开展农业用水宣传大会，委派水管员专职负责农业用水宣传教育工作，印发规范用水指导手册，使"水是商品""水是农业生产资料"观念深入人心，培养用水户用水缴费的行为习惯，不断提高用水户心理支付意愿，保障农业用水价格形成机制有序运行。与此同时，应加强节水宣传，让农民充分了解水资源的稀缺性，着力提高农民节约用水的自觉性和主动性，转变农民节水思想，广泛运用节水技术，使节水意识深入人心。

三 加强农业用水需求管理

农业用水需求管理既包括作物需求管理，又包括规划需求管理。一是加强作物需求管理。在确保粮食安全基础上，调整优化农作物种植结构，适度调减水资源稀缺地区的高耗水作物种植，选育推广需水少的耐旱节水作物，选育作物生育阶段与天然降水相匹配的农作物。二是加强规划需求管理。我国水利工程大多由国家财政投资建设，前期工程在规划设计中往往存在高估问题，地方政府往往把过水能力设计得过高、规模过大，工程建成使用后，又反映水费过高、负担过重等问题，由此导致工程与设计不符造成了资源浪费。为此，应加强规划需求管理，精确计算地方过境用水需求，研究水资源合理配置的经济手段，以促使市场经济规范运行。

第三节 优化"补贴精准"下农业用水价格调节机制的政策构想

一 完善水利工程投资建设补贴机制

完善农田水利工程建设补贴机制，建立与农田水利工程相适应的长效投入机制，一是补贴大型水利工程建设，中央应加大财政补贴，适当降低地方配套比例，尤其针对粮食主产省、财政困难省份，中央应加大投资补贴力度，建立配套资金落实保障机制，确保大型水利工程建设投入稳定。二是补贴中型水利工程建设，进一步加大国家农业综合开发项目对中型水利工程补贴力度，加强中型灌区节水项目投入。三是补贴小型水利工程建设，进一步整合小型农田水利补贴及其他财政项目资金，建立政府补贴与群众投劳投资相结合的补贴机制，协同推进田间水利工程投资与骨干工程建设，充分发挥灌排工程综合效应。

二　完善农业用水价格精准补贴机制

农业用水费用是合理的农业生产成本，"在水资源日益紧缺的情况下，对于用水量大、用水效率低的农业灌溉用水，提高农业用水价格有利于促进节约用水、协调供求矛盾"[1]，但同时会加大用水户负担，提升农业生产成本，降低农业效益。因此，需要建立农业用水价格精准补贴机制，有序推进农业用水定额管理，确保用水价格达到供水成本，同时给予用水户差额补贴，总体上不增加用水户（尤其是种粮农民）生产用水负担。一是核算现行水费，"根据计量供水量、执行水价、实际灌溉范围等信息，核算用水户应缴水费，并向用水户发放告知单，便于其清楚了解所用水量、应缴水费，加强用水户对农业水费缴纳意识"[2]。二是核算补贴标准，按照补贴办法测算补贴额度，原则上补贴应不低于现行水费与前期水费之间的差额。三是发放并落实补贴细则，向用水户发放用水凭证，具体包含使用水量、应缴水费、补贴金额及实缴水费等内容，确保精准补贴落实到户，具体可按照粮食直补等方式操作。

三　完善水利工程运行管护补贴机制

落实管护补贴政策是构建农业用水价格补贴机制的重要一环，完

---

① 薛小颖：《完善农业水价形成机制若干问题的思考——合肥市农业用水价格有关情况的调研报告》，《当代农村财经》2014年第8期。

② 薛小颖：《完善农业水价形成机制若干问题的思考——合肥市农业用水价格有关情况的调研报告》，《当代农村财经》2014年第8期。

善管护补贴有利于水利工程良性运行。一是建立农田水利工程公益属性的财政补贴机制，将水利工程日常运行维护纳入农村公共服务保障体系，明确补贴标准，对于水管单位日常运行及维护支出造成的政策性亏损，应由财政给予保障性补贴。二是落实灌区公益性工程的维修养护经费及人员工资费等费用支出，逐步完善中央财政转移支付补贴中西部地区公益性农田水利工程运行管护经费补贴支持政策。三是加大水利设施投入力度，自上而下全面开展农田水利建设，完善公共财政投入为主的工程设施增长机制，大中型灌区工程建设和更新改造由中央和省级财政共同承担，灌区末级渠系及小型灌区等小型农田水利工程的建设改造，应加大财政奖补力度，吸引社会资金，引导农民投工投劳，切实加强农田水利的维修管护。

第四节　优化"节水激励"下农业用水价格调节机制的政策构想

一　建立健全农业节水奖励机制

建立健全农业节水奖励机制有利于促进农业长效节水，保障农村经济社会协调发展。制定节水奖励标准，"节水奖励应根据节水量对采取节水措施、调整种植结构的规模经营主体、农民用水合作组织和农户给予奖励"[1]，提高用水户主动节水意识和节水积极性，在合理的用水指标基础上，实行节水梯度奖励政策，即在用水指标范围内划分档位及奖励标准，节水量越多，奖励金额越高。与此同时，多渠道筹集节水奖励资金，统筹财政用于农田水利工程各类经费，结合农业奖补资金积极落实节水奖励资金来源，鼓励和引入公益性社会资本投入节水奖励资金保障机制。

---

① 李亚平：《深化农业水价综合改革　促进农业可持续发展》，《新华日报》2016 年 7 月 18 日。

二　创新发展农业高效节水灌溉

根据各地区农业产业规划布局和水资源禀赋，应因地制宜发展管灌、滴灌等节水技术，集成发展水肥一体、水肥药一体等高效节水灌溉工程。创新作物节水灌溉，大力推广粮食作物管灌、蔬菜作物喷灌、果木微灌的高效节水灌溉技术，加快泵站等更新改造，实现灌溉单元标准化、运行智能化。创新区域农业节水灌溉，积极探索林果种植结构，完善区域发展喷滴灌工程，小型提水区域适当发展灌溉单元自动供水和生态排水工程，设施农业及高效农业区域发展信息化和智能化微喷技术工程。此外，高效节水灌溉项目区应同步开展农业水价综合改革任务，健全农业节水奖励机制。

第五节　优化农业用水价格机制的
配套政策构想

一　加强灌区水利工程投资建设

为保障灌溉工程持续运行，必须进一步强化灌区工程设施建设。一是推进灌区工程改造及设施建设，针对目前灌区供水工程老化失修、设施缺乏等问题，开展灌区水利工程现状调查，根据各灌区实际情况，明确工程规划，推进工程标准化建设，实施灌区整合，把建设久远、效益较差的灌区进行合并，整体实施工程改造，提高综合效益。加大灌区设施更新改造投入，对灌区内年代久远、设备老化的泵房设施、机泵设备及渠道等整体列入改造计划，及时更新改造或淘汰，选用高效、节能的新型设施设备，提高灌溉工程供水效率。二是强化灌区渠系工程改造及维修养护，完善灌区渠系农田灌溉设施，加大渠系改造力度，"逐步提高渠系灌溉水利用系数，明确渠系工程建设思路，有计划、有重点、分阶段、分步骤实施，做好小型水利及微型水利工程建设任务"①，解决农田水利"最后一公里"问题，减少渠系输水损失，保障渠系水利工程良性运行。三是加强计量设施建设，保证新建、改扩建工程量水设施协同建设，因地制宜实施量水灌溉，对于尚未配备计量设施区域，应将计量设施纳入区域水利专项规划，确保计量设施配备到位，逐步实行农业用水科学计量；针对部分地区偏远、土地零散、不便安装计量设施的区域，水利部门可引导使用标准口门（如量水堰）进行用水计量。

二 强化灌区管理体制改革

加快灌区水管单位管理体制改革，建立健全农业水费使用管理体制，一是强化水管单位人员职责，规范实施管理单位规范定编、科学定岗、高效定人的人力管理，建立岗位责任制，减少人员经费等非生产性支出，强化职责管理，通过公开竞聘，择优录取，优化人力资源。二是强化经营服务意识，积极开展多种经营，培养供水服务意识，建成以专业服务组织、乡镇水利站、村级水管员为层级的供水服务体系，拓展服务范围，提高供水服务效率，积极探索管养分离，做到供水为民，长效运行，规范管理。三是加强水费支出管理，严控水费不合理支出，减少非生产性开支。明确水费使用条件和范围，原则上水费应全部用于灌区日常运行、管理和维护。深化水管单位内部改革，建立现代管理制度，对水利、物价部门水费收取及使用情况予以监督，实行收费公开制度，做到水价、水量、水费、灌地面积"四公开"，杜绝水费搭便车现象。四是创新水费征收方式，变单一的政府代征为多种征收形式并存，探索服务组织代征、用水协会自征等。创新水费预付制，稳步提高农业水费实收率，灌区管理单位需与用水户签订用水收费合同，规范实行水费征收。

---

① 薛小颖：《完善农业水价形成机制若干问题的思考——合肥市农业用水价格有关情况的调研报告》，《当代农村财经》2014 年第 8 期。

三　组建多元化农民用水合作组织

当前，农业用水的需求主体多是农民，完善农业用水价格机制要通过农民用水户的广泛支持得以实现，建立多元化的农民用水合作组织，可在乡镇一级建立农民用水户协会，下辖各村的用水小组；也可在村集体经济组织架构下建立农民用水合作组织，将末级渠系水利工程所有权、使用权、管理权交给用水合作组织，"用水合作组织负责末级渠系水量分配、水费收缴和渠道维修等工作，实行民主管理"①。具体而言，用水合作组织的主要职责是协调、监督和组织内部用水，同时包含辖区内供水设施的建设与维护，负责收缴水费和水权转让交易等，市场化环境下，推动农业用水合作组织有利于提升农民集体行动力，实现农民利益和更多话语权。用水合作组织管理人员应提供组织内用水成员的用水征询、水费标准、用水缴费等服务，水费由村组干部协助管理人员进行征收，管理人员或用水户代表选举可实行专管责任人制度，也可公开选派灌区内部职工作为用水户代表。各级部门应积极支持用水合作组织发展，分别从产权制度、水价管理、设施投入等政策上构建多元化的农业用水合作组织。

四　健全末级渠系产权制度

建立"产权明晰、责任明确、管理民主"的末级渠系产权制度有利于优化农业用水价格机制。末级渠系由社会投资人或农民出资建设的，应当明确其产权归出资人所有；末级渠系由政府建设的，明确其产权归农民集体所有并由农民用水合作组织或集体经济组织代为管理，地方政府应颁发相应产权证书。"通过合理的产权制度安排，使出资人或农民真正成为末级渠系的产权主体，实现权责统一，建立有利于末级渠系建设运行维护的长效机制。"② 此外，通过强化农业用

---

① 韩慧芳：《我国水价形成机制改革思路》，《价格理论与实践》2001 年第 5 期。
② 胡艳超、刘小勇、刘定湘等：《甘肃省农业水价综合改革进展与经验启示》，《水利发展研究》2016 年第 2 期。

水价格用水户参与，增加水价制定透明度和用水户知晓权，采用协商定价或政府指导价，制定过程要广泛动员用水户参与，开展水价听证会，接受公众社会监督。推行农业用水契约管理也是健全末级渠系产权制度的有效途径，水利工程供水要逐步推行用水契约，避免产生不必要的纠纷，保障供水经营者按合同要求规范供水，合理收取用水水费，促使供水单位提高服务质量。

五 落实末级渠系管护主体

针对末级渠系维护不足等问题，一方面，应在分类定性基础上落实小型水利工程管护主体、管理责任和管理经费，深化末级渠系水利工程管理体制改革，推动工程运行管理和维修养护相分离，将末级渠系管护责任界定到各级用水合作组织，明晰工程管护职责，明确小型水利设施管护主体，全面推行农民用水设施自行管护，调动用水户参与积极性。另一方面，落实末级渠系管护经费，项目投资经费适当划拨管护经费，末级渠系水费应明确部分支出用于末级渠系管护，用水合作组织需安排专门人员负责日常渠系管理维护工作，经济发展好的地区可适当提高水价，吸纳社会资本参与，保障农田水利工程的良性运行。

六 建立水权交易机制

一是科学界定农业水权。合理配置农业水权有利于实现水资源在地区和行业间的优化配置。我国农业水资源归国家和集体所有，包括农业水资源的所有权、使用权和经营权。水权的初始分配应依据资源总量、供需结构、配置方式等，确保水资源流动性、所有权与使用权相互独立运行。农业用水是社会稳定和粮食安全的基础，因此农业水权的优先权仅次于基本需求和生态需求用水。同时，明确水权界定办法，农业初始水权分配以县（区）一级行政区域的用水总量指标为依据，按照灌溉核定的分配定额，细化分解水权指标到各级用水主体，明确落实具体水源，实行总量控制。二是完善水权市场交易机制。实现农业节水，推动农业可持续发展，必须建立农业水权交易，完善用水户水权权属，明确规定用水户初始水权具有完整产权属性，即含有转让权和处置收益权，用水户通过提高灌溉效率、调整种植作物甚至退耕等方式节约的初始水权，可自行转让。此外，应构建完善的水权交易市场，交易市场的购水方可以是政府，也可以是其他用水主体。水权交易方式既可以是政府回购用水户节水量，也可以是其他用水主体通过市场交易购买用水户节水量，同时，交易市场在满足区域内用水基础上，可跨区域、跨行业转让。

第六节　本章小结

本章提出了优化"成本导向"和"支付可行"视角下农业用水价格形成机制的政策构想、"补贴精准"和"节水激励"视角下农业用水价格调节机制的政策构想以及农业用水价格机制的配套政策构想。

首先，本章提出优化"成本导向"视角下农业用水价格形成机制的政策构想，包括科学建立灌区成本核算体系、确保灌区市场化运行、完善农业用水价格制定准则、科学确立农业用水计收方式及落实农业供水管理的政策构想。提出优化"支付可行"视角下农业用水价格形成机制应积极促进用水户增收提高水价实际支付能力、强化宣传提高用水户心理支付意愿及加强农业用水需求管理的政策构想。

其次，本章提出优化"补贴精准"视角下农业用水价格调节机制的政策构想，应积极完善水利工程投资建设补贴机制、完善农业用水价格精准补贴机制及完善水利工程运行管护补贴机制。同时优化"节水激励"视角下农业用水价格调节机制，应建立健全农业节水奖励机制以及创新发展农业高效节水的政策构想。

最后，本章提出优化我国农业用水机制的配套政策构想，具体包含加强灌区水利工程投资建设、强化灌区管理体制改革、组建多元化农民用水合作组织、健全末级渠系产权制度、落实末级渠系管护主体以及建立水权交易机制的政策构想。

第九章　结论和展望

本书首先厘清了农业用水价格机制相关核心概念的内涵与外延，基于政治经济学价格理论、价格机制理论，对农业用水价格的影响维度、农业用水价格形成机制及价格调节机制的构成机理进行了理论阐释，构建了农业用水价格机制的政治经济学分析框架。其次，分析了我国农业用水价格机制的历史演进和现实状况，分析农业水价综合改革后试点地区农业用水价格机制的主要进展，梳理了当前农业用水价格机制仍然存在的主要问题。而后，基于农业用水价格机制的政治经济学分析框架，对案例地区进行实证研究，系统研判现行农业用水价格机制与构成机理之间的关系。同时，构建了农业用水价格机制效应评价指标体系，系统评价农业水价综合改革前后，农业用水价格机制的变动效应。再次，分析了国际农业用水价格机制，得出对完善我国农业用水价格机制的经验启示。最后，本书提出优化我国农业用水价格机制的政策构想，包含优化我国农业用水价格形成机制、农业用水价格调节机制以及农业用水价格机制的配套政策构想。

第一，本书充分将政治经济学价格理论、价格机制理论运用到农业用水价格机制分析中，形成了与我国现代农业发展相适应的农业用水价格机制建构研究。基于市场及政府影响维度，阐释了农业用水价格形成机制与农业用水价格调节机制的构成机理，提出农业用水价格机制应契合"成本导向、支付可行、补贴精准、节水激励"四位一体科学合理的内在构成机理，强调农业用水价格机制是否满足灌区、用水户、政府的相关利益是推动实现"灌区可运营、用水户可利用、水资源可持续"

的关键所在，为进一步优化我国农业用水价格机制提供了较为合理的研究思路。

第二，本书形成了基于农业用水户承载力支付研究。将用水户承载力支付区分为实际支付能力和心理支付意愿两个维度加以比较研究，分析用水户实际支付能力，研判执行水价是否符合用水户，尤其是传统农户的现实承受能力；分析用水户心理支付意愿，研究用水户心理参照标准，有利于科学判断农业用水价格制定的弹性区间。两个维度的用水户承载力支付研究对进一步健全需求维度下农业用水价格形成机制提供了较为合理的研究支撑。

第三，本书基于国家关于《农业水价综合改革工作绩效评价办法》的政策导向，构建了农业用水价格机制改革效应评价指标体系，将政策效应纳入评价体系一级指标，指标体系包含节水效应、经济效应、社会效应、生态效应及政策效应 5 个一级指标，19 个二级指标，合理测算了农业水价综合改革前后农业用水价格机制的变动效应，为科学评价和完善构建我国农业用水价格机制提供了较为合理的指标参照体系。

第一节　主要研究结论

政治经济学视域下的农业用水价格机制是深入贯彻落实中央"三农"政策，围绕国家粮食安全和用水安全战略，加强农业供给侧结构性改革，构建与社会主义新农村建设相适应，兼顾灌区、用水户及政府等各方利益主体的价格机制。完善的农业用水价格机制应遵循市场资源配置，注重更好发挥政府作用，以灌区成本经营效益为导向，以用水户承载力支付为前提，以调节农业用水市场供求均衡为手段，以农业可持续发展为目标，通过农业水价综合改革，优化我国农业用水价格机制，实现农业节水，促进农业可持续发展。通过上述理论分析及实践探索的相关研究，本书得出如下研究结论。

第一，农业用水价格的理论体系应是以政治经济学价格理论、价格机制理论为指导，合理借鉴经济学相关价格理论而形成的。实践过程中，现行农业用水价格主要是遵循成本补偿原则，基于成本定价的农业用水价格机制理论应当以水资源价值论和地租理论为基础，综合涵盖均衡价格论、水资源产权论、水资源外部性理论以及公共定价理论，从农业用水价格形成机制和价格调节机制两个方面进行构建。

　　第二，本书分析了农业用水价格需要通过供给维度、需求维度及政府维度分析主体参与农业用水价格形成及变动的整体过程。分析农业用水价格的影响维度，当农业用水供不应求时，用水价格必然上涨，水价上涨又会刺激供水增加；供过于求时，用水价格必然下降，价格下降又会限制供水，刺激用水需求增加。所以，供给、需求维度对农业用水价格形成具有重要影响，同时，政府维度下，调节农业用水的供求均衡、促进农业可持续发展及保护生态环境等目标对农业用水价格调节均具有重要影响。由此阐述了农业用水价格形成机制构成机理的政治经济学理论内涵，研究得出，农业用水价格形成的内在逻辑是由其使用价值和物质性效用决定的，外在逻辑主要在于农业用水的稀缺性、垄断性及不可缺性。由于农业用水具有正外部性，农业供水企业具有垄断性，农业用水若完全按照市场定价，会降低农业用水资源合理配置效率，为纠正市场失灵，农业用水应当实行政府定价。农业用水价格形成机制的构成机理应当满足供给主体成本经营效益和用水户承载力支付能力，形成"成本导向、支付可行"的农业用水价格形成机制构成机理，以灌区成本经营为基础，以用水户承载力为前提，实现"灌区可运营、用水户可利用"。分析农业用水价格调节机制构成机理的政治经济学理论内涵，得出农业用水价格调节机制要注重调节供需关系与促进农业可持续发展，具体而言，农业用水价格调节机制应注重建立健全农业用水价格补贴机制和农业节水奖励机制，形成"补贴精准、节水激励"的农业用水价格调节机制，以调节供求均衡为手段，以农业可持续发展为目标，推动实现"水资源可持续"。综上，本书构建了农业用水价格机制的政治经济学分析框架，农业用水价格应当基于市场及政府影响维度，符合"成本导向、支付可行、补贴精准、节水激励"四位一体科学合理的农业用水价格机制构成机理，以灌区成本经营为基础，以用水户承载力为前提，以调节供求均衡为手段，以农业可持续发展为目标，兼顾灌区、用水户、政府三方利益，通过合理的利益均衡，推动实现"灌区可运营、用水户可利用、水资源可持续"。

第三，本书研究得出，作为完善农业用水价格机制的核心措施，近年来我国着力实施农业水价综合改革，促使我国农业用水市场建设取得了重要进展，初步夯实了农业用水价格机制基础，初步健全了农业用水价格形成机制，初步完善了农业用水价格调节机制等。然而，由于农业水价综合改革覆盖面较小，试点地区进展不一，农业用水价格机制的现实问题仍然存在，具体表现为农业用水价格形成机制残缺以及农业用水价格调节机制不健全。

第四，基于农业用水价格机制的政治经济学分析框架，本书对案例灌区农业用水分级定价机制、分类定价机制和分档定价机制进行了实证分析，总体上灌区实行骨干工程粮食作物供水价格 0.12 元/立方米、骨干工程经济作物供水价格 0.13 元/立方米、末级渠系粮食作物供水价格 0.05 元/立方米、末级渠系经济作物供水价格 0.07 元/立方米的农业用水价格形成机制。通过实证分析研究得出，农业水价综合改革后，灌区农业用水价格形成机制总体符合"成本导向"和"支付可行"的构成机理。同时，对案例灌区农业用水价格补贴机制以及农业节水奖励机制进行了实证分析，农业用水价格调节机制总体符合"补贴精准"和"节水激励"的内在构成机理。

第五，本书通过构建农业用水价格机制的效应评价指标体系，系统评价农业用水价格机制的变动效应。研究表明，农业用水价格机制效应评价指标体系应当涵盖节水效应、经济效应、社会效应、生态效应及政策效应等核心评价指标，其中节水效应指标下涵盖农业灌溉水有效利用系数、亩均用水量、节水技术推广率及节水灌溉面积实施率4个二级指标，对节水效应进行系统评价；经济效应指标下包含亩均作物产量、农民人均可支配收入、亩均水费及水费实收率4个二级指标；社会效应指标下包含计量工程设施配备率、工程设施产权界定率、灌溉用水保证率、工程设施管护率以及用水合作组织参与程度5个二级指标；生态效应指标下包含种植结构调整、水土保持增长率及生态环境改善 3 个二级指标；政策效应下包含制订水价综合改革实施计划、健全农业用水价格形成机制以及健全农业用水价格调节机制 3 个二级指标。进一步而言，本书运用层次分析法测算得出 5 个一级指标及 19 个二级指标的权重系数，权重系数的大小表现为农业用水价格机制效应评价指标体系中各指标的相对重要程度。研究表明，一级指标中，节水效应的权重系数最大，为 0.408，表明节水效应是指标体系的核心目标，社会效应、政策效应、经济效应及生态效应的权重系数分别为 0.300、0.152、0.088 和 0.052，重要性排序依次递减。同时，本书运用模糊综合评判法，对样本灌区农业用水价格机制效应评价指标体系的 19 个指标因素测算了评价分值和评价等级。研究表明，农业水价综合改革前，样本灌区农业用水价格机制综合效应评价分值为 0.645，评价等级为合格；改革后，样本灌区农业用水价格机制综合评价分值为 0.856，评价等级为良好，由此表明灌区构建农业用水价格机制取得了显著成效，其中政策效应的前后分值变化最大，评价等级从不合格跃为优秀，体现出构建农业用水价格机制在农业水价综合改革中的重要作用。

第六，通过分析国际农业用水价格机制现实做法，得出了完善我国农业用水价格机制的经验和启示。从农业用水价格的定价原则、定价机制、计收方式、管理体制及补贴机制五个方面系统总结了农业用水价格机制的国际经验。进一步得出，成本定价是农业用水价格形成机制的实践基础，科学的计收方式是提升农业用水管理效率的有效手段，合理的奖补机制是推动我国农业水价调节机制良性运行的关键保障的启示。

综合上述分析，本书得出优化我国农业用水价格机制应包含优化农业用水价格形成机制、农业用水价格调节机制以及农业用水价格机制的配套政策。其中，优化"成本导向"视角下农业用水价格形成机制应注重科学建立灌区成本核算体系、确保灌区市场化运行、完善农业用水价格制定准则、科学确立农业用水计收方式及落实农业供水管理。优化"支付可行"视角下农业用水价格形成机制应注重促进用水户增产增收提高水价实际支付能力、强化宣传提高用水户心理支付意愿及加强农业用水需求管理。优化"补贴精准"视角下农业用水价格调节机制应积极完善水利工程投资建设补贴机制、完善农业用水价格精准补贴机制及完善水利工程运行管护补贴机制。优化"节水激励"视角下农业用水价格调节机制应当建立健全农业节水奖励机制以及创新发展农业高效节水。此外，应注重我国农业用水价格机制的配套政策保障，包含加强灌区水利工程投资建设、强化灌区管理体制改革、组建多元化农民用水合作组织、健全末级渠系产权制度、落实末级渠系管护主体以及建立水权交易机制等，促进我国农业用水价格机制的进一步完善。

第二节　研究展望

总体上，政治经济学视域下的农业用水价格机制是我国农业制度体系的重要组成部分，不仅与农业产业转型升级、农村发展和农民增收致富直接相关，而且同水资源节约利用和生态环境保护密不可分。作为完善我国农业用水价格机制的核心措施，农业水价综合改革涉及各级政府、多个部门相互配合，需要良好的内外部条件支撑，既需要自上而下的政策引导，又需要自下而上的内生动力，还需要因地制宜的地方探索。综上，本书认为，在乡村振兴及共同富裕战略的宏观背景下，中国农业用水价格机制应当符合"成本导向、支付可行、补贴精准、节水激励"四位一体科学合理的内在构成机理，兼顾灌区、用水户、政府三方主体利益，以市场化为主导，以农业可持续发展为要义，构建规范完整的政治经济学视域下的农业用水价格机制，以此实现"灌区可运营、用水户可利用、水资源可持续"。为此，本书提出了如下三个方面的研究展望。

第一，深入研究相关主体共同参与机制。在优化农业用水价格机制过程中，如果不同地区的参与主体存在主体认识和观念上的差异，容易导致用水价格机制的目标偏失。一方面，中央层面已明确提出"先建机制、后建工程"的指导意见，这意味着农业水价综合改革的前期任务是机制构建和机制设计，以此保证后续改革有章可循；但现实情况是，部分地方政府仅重视灌溉工程的建设和维护，对机制构建缺乏改革主动性。另一方面，不同地区在改革过程中，容易基于自身实际情况，产生差别认知，对于水资源丰缺情况不同的省份，其参与改革的主动性和积极性有所不同。水资源稀缺地区，农业水价综合改革参与的积极程度更高，更重视制定分类分级分档的水价形成机制，精准补贴和节水奖励对用水户用水行为的调节性更强，农业用水价格机制建立更能顺利推进。而对于水资源丰沛地区，农业灌溉用水仅仅作为农业生产自然降水的辅助措施，地方政府参与积极性并不强烈，基层干部更是对此项水价改革任务存在疑惑，对政策执行持观望态度，使得政策实施难以有效推进，对构建农业用水价格机制缺乏自身探索动力。此外，对用水户而言，当前普遍存在的问题是缺乏建立农业用水价格机制目标任务的有效宣传和引导，部分用水户甚至认为改革就是变相对用水费的涨价，从而产生抵触情绪。总体上，完善的农业用水价格机制应当是通过不同地区、不同利益主体的共同参与而形成的，需要上下联动推进改革和实现目标。与此同时，由于不同地区存在着不同的水资源特征和灌溉工程结构，也需要不同区域在坚持总体目标基础上因地制宜地进行探索，确保农业用水价格机制具有更强的现实适应性和推进可行性。

第二，深入研究农业用水价格机制与各项配套改革任务的联动机制。前期农业水价综合改革尽管确立了用水总量和定额用水量，推进了差别定价机制，建立了奖补机制，但通过上述分析可知，改革重点主要是体制机制建构，而支撑农业用水价格机制有效运行的还包括农业用水价格机制的配套政策。因此，价格机制和配套政策如何有效衔接是确保农业用水市场良性运行的关键，农田灌溉工程系统由灌溉水源工程、引输水与配水工程、计量设施及田间工程等几部分组成，要实现农田灌溉服务的有效供给，需要各部分工程设施有序衔接。实践表明，定额管理是农业水价综合改革的基础，缺乏农业用水终端计量设施的地区，定额管理和节水奖励等环节难以实行，建设和改造用水计量设施的成本高昂，这就需要中央及各地区加大财政投入力度，在合理的成本约束下实现更大范围计量设施的普及。同时，灌溉水源工程、引输水与配水工程以及末级渠系设施的建设维护需要前期机制的配套完善，否则将因硬设施与软机制失配而难以形成合力，同样影响农业用水价格机制的合理运行。总之，构建农业用水价格机制涉及面广，既需要相关设施建设及时跟进，又需要相关改革与之配套。总体而言，优化构建农业用水价格机制必须与水利工程管理单位体制改革、小型农田水利设施产权制度改革及农村供水管理体制改革联动推进，否则，将在一定程度上制约农业用水价格机制的进一步深化。

第三，深入研究农业水价综合改革的多元长效投入机制。总体上，农业水价综合改革面临财政投入不足、社会投资缺乏的严峻挑战，中央政府对试点地区给予的奖补资金难以支撑农业水价综合改革的系统任务，因此改革试点地区一般会选择经济基础较好的区域先行试点，这就造成改革经验难以大范围推广，而农业用水价格机制是覆盖全国各地的，应当有广泛的区域适应性。如果经济发达地区财政尚且投入不足，那么财政拮据地区就更难以支撑农业供水工程的良性运行，由此导致农业水价综合改革无法摆脱对财政投入的过度依赖，进而造成改革进程迟缓，特别是由点到面的改革推广更为困难。应当看到，农业供水投入环节存在地方政府、集体经济组织、用水户及社会资本等多个参与主体，在水资源利用市场化程度不断提高的现实背景下，社会资本具有水利设施建设的经济实力和投资意愿，而其中的关键，是要建立有针对性的支持政策和激励机制，鉴于农业用水价格机制的重要性及农业节水的战略目标，应当在继续强化政府主导作用基础上，注重激发多元主体的投资意愿，深入分析农业供水相关利益主体的博弈关系，探索多方主体共同参与的投资体系，形成农业供水工程的长效投入机制。总之，引导多元主体投入农业水价综合改革，将是未来优化我国农业用水价格机制必须完成的重要任务。

参考文献

一　中文文献

（一）著作

保罗·萨缪尔森、威廉·诺德豪斯：《经济学》（第18版），萧琛译，人民邮电出版社2008年版。

戴思锐：《水库经济学——江河大型水库的成本分担与利益共享》，商务印书馆2013年版。

杜栋、庞庆华、吴炎：《现代综合评价方法与案例精选》，清华大学出版社2015年版。

冯尚友：《水资源持续利用与管理导论》，科学出版社2000年版。

姜文来：《水资源价值论》，科学出版社1999年版。

蒋和胜：《农产品价格机制论》，四川大学出版社1997年版。

蒋家俊、李慧中：《社会主义价格理论与实践》，四川大学出版社1991年版。

卢洪友、卢盛峰、陈思霞：《公共品定价机理研究》，人民出版社2011年版。

马克思：《资本论》，人民出版社1975年版。

马歇尔：《经济学原理》，章洞易译，北京联合出版公司2015年版。

沈大军、王浩、梁瑞驹等：《水价理论与实践》，科学出版社2001年版。

王浩、阮本清、沈大军：《面向可持续发展的水价理论与实践》，科学出版社 2003 年版。

温桂芳、张群群：《中国价格理论前沿》，社会科学文献出版社 2011 年版。

杨君昌：《公共定价理论》，上海财经大学出版社 2002 年版。

张宇、孟捷、卢荻：《高级政治经济学》，中国人民大学出版社 2006 年版。

章二子、陈丹、郑卫东等：《江宁区农业水价综合改革研究》，黄河水利出版社 2017 年版。

周春、蒋和胜：《市场价格机制与生产要素价格研究》，四川大学出版社 2006 年版。

周其仁：《产权与中国变革》，北京大学出版社 2017 年版。

（二）期刊

安晓明：《论自然资源价格的构成和量定》，《税务与经济》2004 年第 3 期。

蔡威熙、周玉玺、胡继连：《农业水价改革的利益相容政策研究——基于山东省的案例分析》，《农业经济问题》2020 年第 10 期。

蔡雨寒：《我国农业水价形成机制创新研究》，《水利规划与设计》2017 年第 5 期。

曹乃恩：《关于我国公共产品价格改革的几点思考》，《价格理论与实践》2010 年第 9 期。

常宝军、郭安强、鲁关立等：《农业用水精准补贴机制的激励、约束作用探析》，《中国农村水利水电》2020 年第 9 期。

陈邦尚、田伟、李鸿：《重庆市农业水价综合改革的实践与思考》，《水利发展研究》2017 年第 11 期。

陈菁、陈丹、褚琳琳等：《灌溉水价与农民承受能力研究进展》，《水利水电科技进展》2008 年第 12 期。

陈菁、陈丹、陆军等：《基于意愿调查的农业水价承载力研究》，《中国农村水利水电》2007 年第 2 期。

陈亮：《发达国家水价制度比较及启示》，《管理科学文摘》2007 年第

5 期。

陈柳钦：《公共经济学发展动态分析》，《学习论坛》2011 年第 5 期。

陈淑青：《宁阳县农业水价综合改革探讨》，《山东水利》2017 年第
　　6 期。

陈显维：《国内外水资源可利用量概念和计算方法研究现状》，《水利
　　水电快报》2007 年第 1 期。

陈艳萍、朱瑾：《基于水费承受能力的水权交易价格管制区间——以
　　灌溉用水户水权交易为例》，《资源科学》2021 年第 8 期。

崔延松、鲁红卫、任杰：《我国东中西部地区农业水价改革模式选择
　　与管理诉求》，《中国水利》2014 年第 12 期。

丁杰、万劲松、康敏：《推进我国农业水价改革基本思路研究》，《价
　　格理论与实践》2012 年第 5 期。

董小菁、纪月清、钟甫宁：《农业水价政策对农户种植结构的影
　　响——以新疆地区为例》，《中国农村观察》2020 年第 3 期。

段治平：《借鉴美国水价管理经验，推进我国水价改革》，《山西财经
　　大学学报》2003 年第 6 期。

段治平：《我国农业水价改革的原则及努力方向》，《广西市场与价
　　格》2003 年第 4 期。

段治平：《我国水价改革历程及改革趋向分析》，《中国物价》2003 年
　　第 4 期。

范艳梅：《浅论自然资源的价值与开发利用》，《求是学刊》1989 年第
　　2 期。

冯广志：《完善农业水价形成机制若干问题的思考》，《水利发展研
　　究》2010 年第 8 期。

冯欣、姜文来、刘洋：《绿色发展背景下农业水价综合改革研究》，
　　《中国农业资源与区划》2020 年第 10 期。

冯欣、姜文来：《我国农业用水利益相关者研究进展及展望》，《中国
　　农业资源与区划》2018 年第 2 期。

傅春、胡振鹏：《水资源价值及其定量分析》，《资源科学》1998 年第

11 期。

甘泓、秦长海、卢琼：《水资源耗减成本计算方法》，《水利学报》
2011 年第 1 期。

甘泓、秦长海、汪林等：《水资源定价方法与实践研究 I：水资源价值
内涵浅析》，《水利学报》2012 年第 3 期。

甘泓、汪林、倪红珍等：《水经济价值计算方法评价研究》，《水利学
报》2008 年第 11 期。

高峰、许建中：《我国农业水资源状况与水价理论分析》，《灌溉排水
学报》2003 年第 12 期。

高媛媛、姜文来、殷小琳：《典型国家农业水价分担及对我国的启
示》，《水利经济》2012 年第 1 期。

郭明远：《节水农业的形成与灌溉水价改革》，《甘肃科技》2005 年第
4 期。

韩慧芳：《我国水价形成机制改革思路》，《价格理论与实践》2001 年
第 5 期。

韩振中、裴源生、李远华：《灌溉用水有效利用系数测算与分析》，
《中国水利》2009 年第 3 期。

何寿奎：《农业水价形成机制与配套政策——基于经济自立灌溉区模
式下三方满意的视角》，《价格理论与实践》2014 年第 4 期。

贺天明、王春霞、何新林等：《基于完全成本水价的农业水价承受力
和节水潜力评估》，《节水灌溉》2021 年第 3 期。

胡艳超、刘小勇、刘定湘等：《甘肃省农业水价综合改革进展与经验
启示》，《水利发展研究》2016 年第 2 期。

黄豆豆、郑卫东、章二子等：《江宁区农业水价形成机制及配套措施
研究》，《江苏水利》2017 年第 1 期。

简富缋、宋晓谕、虞文宝：《水资源资产价格模糊数学综合评价指标
体系构建——以黑河中游张掖市为例》，《冰川冻土》2016 年第
4 期。

江先河：《江西省推进农业水价综合改革的思考》，《水利发展研究》

2017 年第 9 期。

江野军、江四新：《关于江西农业水价改革的思考》，《价格月刊》
2014 年第 11 期。

江煜、王学峰：《玛纳斯河灌区农户农业灌溉水价承受能力研究》，
《节水灌溉》2008 年第 5 期。

姜文来：《WTO 条件下的农业水价调整研究》，《海河水利》2002 年
第 4 期。

姜文来：《关于水资源价值的三个问题》，《水利发展研究》2001 年第
1 期。

姜文来、雷波：《农业水价节水效应及其政策建议》，《水利发展研
究》2010 年第 12 期。

姜文来、刘洋、伊热鼓：《农业水价合理分担研究进展》，《水利水电
科技进展》2015 年第 9 期。

姜文来：《农业水价合理分担研究》，《中国市场》2012 年第 4 期。

姜文来：《水价和水市场》，《国土资源》2002 年第 2 期。

姜文来：《推进水价改革发展农业节水》，《中国食品》2018 年第
7 期。

姜文来、王华东：《水资源价值和价格初探》，《水利水电科技进展》
1995 年第 4 期。

姜文来、王华东：《我国水资源价值研究的现状与展望》，《地理学与
国土研究》1996 年第 2 期。

姜文来、于连生、刘仁合：《水资源价格上限的研究》，《中国给水排
水》1993 年第 9 期。

姜翔程、解小爽、孙杰：《农业水价综合改革的利益相关者分析》，
《水利经济》2020 年第 1 期。

蒋永穆：《关于当前农产品价格宏观调控的几个问题》，《价格月刊》
1997 年第 3 期。

蒋勇：《关于新时期我国农业水价综合改革的思考》，《学术》2018 年
第 9 期。

蓝桐林：《西营灌区农业水价综合改革试点探索》，《水利水电》2018年第8期。

雷波、杨爽、高占义等：《农业水价改革对农民灌溉决策行为的影响分析》，《中国农村水利水电》2008年第5期。

雷波：《政府干预与市场行为对实现节水农业的作用》，《节水灌溉》2004年第2期。

李宝萍、赵慧珍、陈海涛等：《农业水价改革与农民承受能力研究》，《人民黄河》2007年第2期。

李含琳：《国内外农业生产的水成本评价及宏观决策意义》，《中国农村水利水电》2012年第2期。

李培蕾：《我国农业水费的征收与废除初步探讨》，《水利发展研究》2009年第1期。

李然、田代贵：《农业水价的困境摆脱与当下因应》，《改革》2016年第9期。

李太山：《农业节水保障体系存在的问题及发展对策》，《农业科技与装备》2015年第1期。

廖永松、鲍子云、黄庆文：《灌溉水价改革与农民承受能力》，《水利发展研究》2006年第12期。

刘红梅、王克强、黄智俊：《农业水价补贴方式选择的经济学分析》，《山西财经大学学报》2006年第10期。

刘建刚、裴源生、赵勇：《不同尺度农业节水潜力的概念界定与耦合关系》，《中国水利》2011年第7期。

刘路广、张祖莲、吴瑕等：《石首市农业水价综合改革终端水价测算》，《中国水利》2014年第2期。

刘维哲、王西琴：《农户分化视角下农业水价政策改革与节水技术采用倾向研究——基于河北地区农户调研数据》，《中国生态农业学报（中英文）》2022年第1期。

刘文、钟玉秀：《供水价格改革60年回顾与展望》，《中国水利》2009年第10期。

刘小勇：《农业水价改革的理论分析与路径选择》，《水利经济》2016年第 3 期。

柳一桥：《美国、法国和以色列农业水价管理制度评析及借鉴》，《世界农业》2017 年第 12 期。

马永平：《公共物品定价模式研究》，《经济研究导刊》2009 年第 6 期。

梅锦萍：《公共产品：一个概念的再审视》，《市场周刊》2016 年第 11 期。

闵学理：《关于长葫灌区水价改革及水价形成机制的思考》，《四川水利》2014 年第 4 期。

倪志良、普杰：《我国公共定价管制研究——以输配电价管制为例》，《华北水利水电学报》（社会科学版）2007 年第 8 期。

年自力、郭正友、雷波等：《农业用水户的水费承受能力及其对农业水价改革的态度——来自云南和新疆灌区的实地调研》，《中国农村水利水电》2009 年第 9 期。

潘勇：《自然资源价格决定之我见》，《河南财经学院学报》1993 年第 3 期。

裴永刚、田海涛：《北京市农业水价综合改革分析》，《北京水利》2018 年第 4 期。

裴源生、刘建刚、赵勇等：《水资源用水总量控制与定额管理协调保障技术研究》，《水利水电技术》2009 年第 3 期。

裴源生、刘建刚、赵勇：《总量控制与定额管理概念辨析》，《中国水利》2008 年第 8 期。

蒲志仲：《自然资源价值浅探》，《价格理论与实践》1993 年第 4 期。

乔旭宁、詹慧丽、唐宏等：《渭干河流域农业灌溉用水的农户支付意愿及影响因素分析》，《干旱区资源与环境》2018 年第 11 期。

秦长海、甘泓、贾玲等：《水价政策模拟模型构建及其应用研究》，《水利学报》2014 年第 1 期。

秦长海、甘泓、张小娟等：《水资源定价方法与实践研究 II：海河流域水价探析》,《水利学报》2012 年第 4 期。

秦长海、赵勇、裴源生:《农业水价调整对广义水资源利用效用研究》,《水利学报》2010 年第 9 期。

邱书钦:《我国农业水价分担模式比较及选择》,《价格理论与实践》2016 年第 12 期。

任梅芳、胡笑涛、蔡焕杰等:《农业节水灌溉水价形成机制与农户承载力分析》,《中国会议》2010 年第 8 期。

任梅芳、胡笑涛、蔡焕杰等:《农业节水灌溉水价与补偿机制水价模型》,《中国农村水利水电》2011 年第 7 期。

沈大军、梁瑞驹、王浩等:《水资源价值》,《水利学报》1998 年第 5 期。

苏遥、宋正星、李芮:《丰台区水资源价值量评价》,《北京水务》2018 年第 1 期。

苏永新:《甘肃中部地区农业水价与用水量分析》,《甘肃水利水电技术》2005 年第 9 期。

孙天合、严婷婷、罗琳:《农业水价综合改革现状及其展望》,《中国农村水利水电》2017 年第 12 期。

孙小铭、尹晓东、刘静:《四川省水利工程水价改革现状与对策》,《水利经济》2014 年第 1 期。

唐增、徐中民:《CVM 评价农户对农业水价的承受力——以甘肃省张掖市为例》,《冰川冻土》2009 年第 6 期。

汪志农、熊运章、王密侠:《适应市场经济的灌区管理体制改革与农业水价体系》,《中国农村水利水电》1999 年第 11 期。

王斌、张秀芳、姜宁:《基于农业生产资料价格指数的灌区农业水价研究》,《水灌溉》2021 年第 1 期。

王冠军、柳长顺、王健宇:《农业水价综合改革面临的形势和国内外经验借鉴》,《中国水利》2015 年第 9 期。

王济干:《水价构成要素分析与系统设计》,《水利水电技术》2003 年第 3 期。

王君勤：《四川省农业灌溉用水定额的修订》，《中国水利》2009 年第
　5 期。

王克强、刘红梅：《水资源公共定价模型研究》，《数量经济技术经济
　研究》2003 年第 10 期。

王密侠、汪志农、尚虎君等：《关中九大灌区农业水价与农户承载力
　调查研究》，《灌溉排水学报》2005 年第 3 期。

王苏、沈挺、郭存芝：《苏南地区农业水价形成机制研究》，《江苏水
　利》2018 年第 7 期。

王天雄：《张掖市农业水价综合改革成效与问题研究》，《中国水利》
　2017 年第 1 期。

王彦：《论自然资源价格的确定》，《价格理论与实践》1993 年第
　2 期。

王彦梅：《浅谈水资源价值的内涵构成及其影响因素》，《宿州教育学
　院学报》2008 年第 8 期。

王雁宽：《大同市膜下滴灌工程效益及发展前景分析》，《山西水利》
　2013 年第 10 期。

王钇霏、许朗：《粮食安全视域下农业水价改革空间研究》，《节水灌
　溉》2021 年第 11 期。

温桂芳、钟玉秀：《深化水价改革进程、问题及对策》，《经济研究参
　考》2005 年第 12 期。

温桂芳、钟玉秀：《我国水价形成机制和管理制度深化改革研究——
　深化水价改革：思路与对策》，《价格理论与实践》2004 年第
　11 期。

温善章、石春先、安增美等：《河流可供水资源影子价格研究》，《人
　民黄河》1993 年第 7 期。

吴军晖：《论资源价格》，《价格月刊》1993 年第 2 期。

吴新民、潘根兴：《自然资源价值的形成与评价》，《经济地理》2003
　年第 5 期。

吴亚明：《加大财政支持力度促进水利建设和提高使用效益》，《水利

水电技术》2007 年第 8 期。

鲜雯娇、徐中民、邓晓红：《灌区农业完全成本水价研究——以张掖市甘州区灌区为例》，《冰川冻土》2014 年第 4 期。

徐得潜、张乐英、席鹏鸽：《制定合理水价的方法研究》，《中国农村水利水电》2006 年第 4 期。

徐小飞、孔庆雨、叶甫良等：《广东省农业水价综合改革实践与探索——以陆河县农业水价综合改革试点为例》，《广东水利水电》2021 年第 11 期。

徐璇、毛春梅：《我国农业水价分担模式探讨》，《水利经济》2013 年第 3 期。

许朗、陈燕：《农业水价综合改革现状、问题及对策——以安徽六安市农业水价综合改革试点为例》，《节水灌溉》2016 年第 5 期。

薛小颖：《完善农业水价形成机制若干问题的思考——合肥市农业水价有关情况的调研报告》，《当代农村财经》2014 年第 8 期。

晏成明、唐德善：《张掖市农业用水承受能力及其和谐水价分析》，《安徽农业科学》2009 年第 10 期。

羊军：《绵阳市游仙区 2014 年农业水价综合改革初探》，《农家科技》2016 年第 3 期。

杨华：《城市公用事业公共定价与绩效管理》，《中央财经大学学报》2007 年第 4 期。

杨君昌：《关于公共产品定价的若干理论问题》，《财经论丛》2002 年第 2 期。

杨林、任国平、李学兵：《农业综合水价应真实反映水的公共基础性资源价值》，《中国水利》2015 年第 20 期。

杨全社、王文静：《我国公共定价机制优化研究——基于公共定价理论前沿的探讨》，《国家行政学院学报》2012 年第 3 期。

杨文汉：《论环境资源的价值和价格》，《价格理论与实践》1987 年第 3 期。

杨小凤、李振、曹晨杰：《金乡县农业水价形成机制分析》，《山东水利》2018 年第 3 期。

伊热鼓、姜文来：《农业水价效应研究进展》，《中国农业资源与区划》2017 年第 8 期。

易斌：《关于推进农业水价综合改革试点工作的措施与方法的思考》，《农家科技》2012 年第 3 期。

尹庆民、马超、许长新：《中国流域内农业水费的分担模式》，《中国人口·资源与环境》2010 年第 9 期。

尹小娟、蔡国英：《基于 CVM 的农户水价支付意愿及其影响因素分析——以张掖市甘临高三地为例》，《干旱区资源与环境》2016 年第 5 期。

于广臻、于广辉、高士军等：《水价管理存在问题及探讨》，《水利科技与经济》2002 年第 4 期。

余斌：《公共定价的经济学分析》，《当代经济研究》2014 年第 12 期。

余谋昌：《生态学中的价值概念》，《生态学杂志》1987 年第 2 期。

喻玉清、罗金耀：《可持续发展条件下的农业水价制定研究》，《灌溉排水学报》2005 年第 4 期。

袁艳霞：《我国公共医疗卫生服务定价机理与价值补偿研究——基于供需双方价值补偿的视角》，《吉林大学学报》（社会科学版）2016 年第 5 期。

张春玲、阮本清、罗建芳：《我国农业水价管理现状》，《沈阳农业大学学报》2003 年第 6 期。

张汉亚：《建设项目必须重视水资源的节约和保护》，《中国投资》2011 年第 3 期。

张维康、曾扬一、傅新红等：《心理参照点、支付意愿与灌溉水价——以四川省 20 县区 567 户农民为例》，《资源科学》2014 年第 10 期。

张文明、陈丹、朱根等：《基于社会资本理论的农民灌溉水价支付意愿影响因素分析模型》，《水利经济》2010 年第 2 期。

张献锋、冯巧、尤庆国等：《推进农业水价改革的思考》，《水利经济》2014 年第 1 期。

张志乐：《初论天然水资源价格》，《水利科技与经济》1996 年第
9 期。

张志乐：《水资源费或间接水价的数量分析方法》，《水利科技与经
济》1997 年第 3 期。

张志乐：《水资源价值量核算的初步构想》，《中国人口·资源与环
境》1995 年第 9 期。

郑通汉：《可持续发展水价的理论分析——二轮合理的水价形成机
制》，《中国水利》2002 年第 10 期。

郑通汉：《推进水价综合改革建立农田水利良性运行机制》，《农村水
利》2007 年第 12 期。

钟玉秀、刘洪先：《对水价确定模式的研究与比较》，《价格理论与实
践》2003 年第 10 期。

周振民、吴昊：《农业水价改革与农民承受力研究》，《水利经济》
2005 年第 5 期。

朱万花：《景电灌区推进水价改革的思考》，《节水灌溉》2013 年第
11 期。

（三）报纸及电子公告

李亚平：《深化农业水价综合改革　促进农业可持续发展》，《新华日
报》2016 年 7 月 18 日。

叶健、蒲永伟、宋宜峻：《江苏农业水价综合改革路径及启示》，《人
民长江报》2018 年 9 月 8 日。

中国国际工程咨询公司：《四川武都引水工程一期工程后评价实施报告》，
2001 年 6 月，https：//max. book118. com/html/2018/1128/70651110100
01162. shtm。

中华人民共和国国务院办公厅：《关于推进水价改革促进节约用水保
护水资源的通知》，2004 年 4 月 19 日，http：//www. gov. cn/xxgk/
pub/govpublic/mrlm/200803/t20080328_ 32372. html。

《关于加强农业末级渠系水价管理的通知》，2006 年 3 月 29 日，汇法

网（https：//www. lawxp. com/statute/s530708. html）。

《农业水价综合改革培训讲义》，2008 年 6 月 5 日，湖北农村水利网
（http：//www. hubeiwater. gov. cn/nsc/nsc _ old/AllnewsView. asp?
cid = 16&nid = 878）。

《引发改革水价促进节约用水的指导意见》，2010 年 1 月 18 日，福建省晋
江自来水公司官网（http：//www. jinjiangwater. com/content. aspx？id =
194）。

《关于 2010 年深化经济体制改革重点工作的意见》，2010 年 5 月 31
日，中国新闻网（http：//www. chinanews. com/cj/news/2010/05 -
31/2313161. shtml）。

《传 统 最 优 价 格 规 制》，2012 年 9 月 15 日，https：//
wenku. baidu. com/view/5f94090516fc700abb68fcb3. html。

中华人民共和国水利部办公厅：《水利部印发关于深化水利改革的指
导 意 见》，2014 年 8 月 4 日，http：//www. mwr. gov. cn/ztpd/
2014ztbd/shggxspm/bsyq/201408/t20140804_ 572441. html。

《2011 年中央一号文件》，2015 年 2 月 5 日，中国农业新闻网（http://
www. farmer. com. cn/ywzt/wyhwj/yl/201502/t20150 205_ 101 1788 _
5. htm）。

《关于改革农业用水价格有关问题的意见》，2015 年 10 月 6 日，中农
网（https：//www. zhongnongwang. com/news/show - 16324. html）。

中华人民共和国中央人民政府：《国务院办公厅关于推进农业水价综
合改革的意见》，2016 年 1 月 29 日，http：//www. gov. cn/zhengce/
content/2016 -01/29/content_ 5037340. html。

中华人民共和国中央人民政府：《关于水利工程水费核订计收管理办
法》，2016 年 10 月 18 日，http：//www. gov. cn/zhengce/content/
2016 -10/18/content_ 5121135. htm。

《水利工程水费征收使用和管理实行办法》，2016 年 11 月 8 日，ht-
tps：//wenku. baidu. com/view/145b86e94bfe04a1b0717fd5360cba1aa
8118c4c. html。

《中华人民共和国水法》，2017 年 4 月 20 日，湿地中国网（http：//
www. shidi. org/sf ＿ 8949CAEA82E341B6BA4E15F48A585E0A ＿ 15
1＿ shidizx. html）。

中华人民共和国国家发改委：《关于扎实推进农业水价综合改革的通
知》，2017 年 6 月 6 日，http：//www. ndrc. gov. cn/zcfb/zcfbtz/
201706/t20170613＿ 850553. html。

国家发展和改革委员会：《国家发展改革委关于全面深化价格机制改
革的意见》，2017 年 11 月 8 日，http：//www. ndrc. gov. cn/zcfb/zcf-
btz/201711/t20171110＿ 866776. html。

四川省发改委：《四川省发展和改革委员会关于核定武都引水工程灌
区农业用水供水价格的通知》，2017 年 11 月 9 日，https：//
www. pkulaw. com/lar/2c598fefea0ea8519224a64cc6570029bdfb. html。

游仙区人民政府：《游仙区 2017 年国民经济和社会发展统计公报》，
2018 年 4 月 16 日，http：//www. youxian. gov. cn/show/2018/04/16/
22813. html。

三台县人民政府：《三台县 2017 年国民经济和社会发展统计公报》，
2018 年 4 月 18 日，http：//www. santai. gov. cn/site/santai/681/info/
2018/121282. html。

射洪县人民政府：《2017 年射洪县国民经济和社会发展统计公报》，
2018 年 5 月 9 日，http：//www. shehong. gov. cn/xxgk/tjxx/ndsj/
201805/t20180509＿ 151413. html。

中华人民共和国中央人民政府：《发展改革委关于 2017 年度农业水价
综合改革工作绩效评价有关情况的通报》，2018 年 9 月 29 日，
http：//www. gov. cn/xinwen/2018 – 09/29/content＿ 5326825. htm。

《农业水价改革是促进节水农业发展的关键》，2018 年 10 月 8 日，
https：//wenku. baidu. com/view/183eced30129bd64783e0912a216147
916117e0c. html。

中华人民共和国水利部：《2017 年中国水资源公报》，2018 年 11 月 16 日，
http：//www. mwr. gov. cn/sj/tjgb/szygb/201811/t201 81116＿ 1055003.

html。

中华人民共和国水利部：《2017 年全国水利发展统计公报》，2018 年 11 月 16 日，http：//www. mwr. gov. cn/sj/tjgb/slfztjgb/201811/t20181116_ 1055056. html。

《价格机制》，https：//baike. baidu. com/item/价格机制/7294251？fr = aladdin。

《水利产业政策》，https：//baike. baidu. com/item/水利产业政策/ 9993832？fr = Aladdi。

《拉姆齐法则》，https：//baike. baidu. com/item/拉姆齐法则/ 10431237？fr = aladdin 。

（四）学位论文

蔡荣：《农产品市场价格形成机制理论与实证分析》，硕士学位论文，华中农业大学，2008 年。

蔡威熙：《农业水价综合改革效应研究：以山东省为例》，博士学位论文，山东农业大学，2021 年。

陈祖海：《水资源价格问题研究》，博士学位论文，华中农业大学，2001 年。

崔海峰：《农业水价改革研究——以山东省引黄灌区为例》，硕士学位论文，山东农业大学，2015 年。

代源卿：《我国水价规制的理论与实证研究》，硕士学位论文，聊城大学，2014 年。

冯欣：《农业水价综合改革利益相关者研究》，博士学位论文，中国农业科学院，2021 年。

胡晓红：《西北民族地区环境资源立法问题研究》，博士学位论文，兰州大学，2006 年。

黄芳：《我国跨地区多水源调水定价问题研究》，博士学位论文，天津财经大学，2014 年。

黄锦坤：《水资源价格形成机制研究——以贵阳市为例》，硕士学位论文，贵州大学，2008 年。

黄涛珍：《面向可持续发展的水价理论与实践》，博士学位论文，河海大学，2004 年。

李靓：《基于产业链视角的蔬菜价格形成研究》，博士学位论文，中国农业大学，2018 年。

李鹏：《可持续发展的农业水价理论与改革》，硕士学位论文，西北农林科技大学，2008 年。

李士森：《基于风险管控的种植业保险绩效评价研究》，博士学位论文，中国农业大学，2018 年。

李卫忠：《公益林效益评价指标体系与评价方法的研究》，硕士学位论文，北京林业大学，2003 年。

李逸：《甘肃省三电灌区农业水价构成及改革研究》，硕士学位论文，甘肃农业大学，2017 年。

李友生：《农业水资源可持续利用的经济学分析》，博士学位论文，南京农业大学，2004 年。

刘丽红：《北京市蔬菜价格形成机制及调控政策研究》，博士学位论文，中国农业科学院，2015 年。

吕雁琴：《干旱区水资源资产化管理研究》，博士学位论文，新疆大学，2004 年。

秦长海：《水资源定价理论与方法研究》，博士学位论文，中国水利水电科学研究院，2013 年。

史玉青：《基于农业水价综合改革措施的大丰区节水量与综合效益评价》，硕士学位论文，扬州大学，2018 年。

孙悦：《欧盟碳排放权交易体系及其价格机制研究》，博士学位论文，吉林大学，2018 年。

田元君：《山东省引黄灌区农业水价研究》，博士学位论文，山东大学，2010 年。

王建平：《内蒙古自治区农业水价研究》，博士学位论文，中国农业科学院，2012 年。

邢秀凤：《城市水业市场化进程中的水价及运营模式研究》，博士学位论文，中国海洋大学，2006 年。

徐鹤：《南水北调工程受水区多水源水价研究——以北京为例》，硕士学位论文，中国水利水电科学研究院，2013 年。

杨钰杰：《水资源价格形成机制与动态路径探索》，硕士学位论文，陕西师范大学，2017 年。

伊热鼓：《农业水价综合改革绩效评估研究》，硕士学位论文，中国农业科学院，2017 年。

二 外文文献

Aidam P. W. , "The impact of water-pricing policy on the demand for water resources by farmers in Ghana", *Agricultural Water Management*, Vol. 158, No. 2, 2015.

Ali M. H. , Talukder M. U. , "Increasing water productivity in crop production—A synthesis", *Agricultural Water Management*, Vol. 95, No. 11, 2008.

Alireza Nikoueia, Frank A. Ward, "Pricing irrigation water for drought adaptation in Iranl", *Journal of Hydrology*, No. 6, 2013.

Ariel Dinar, "Ashok Subramanian. Policy implications from water pricing experiences in various countries", *Water Policy*, Vol. 4, No. 1, 1998.

Ariel Dinar, Ashok Subramanian, "Water pricing experiences", *World Bank Technical Paper*, Vol. 386, 1997.

Blanke A. , Rozelle S. , Lohmar B. , et al. , "Water saving technology and saving water in China", *Agricultural Water Management*, Vol. 87, No. 2, 2007.

Bouman A. M. , Tuong T. P. , "Field water management to save water and increase its productivity in irrigated lowland rice", *Agricultural Water Management*, Vol. 49, No. 1, 2001.

Braden J. B. , Van Ierland E. C. , "Balancing: The Economic Approach to Sustainable Water Management", *Water Science and Technology*,

Vol. 39, No. 5, 1999.

Brian Davidson, Petra Hellegers, "Estimating the own – price elasticity of demand for irrigation water in the Musi catchment of India", *Journal of Hydrology*, Vol. 408, 2011.

Castellano Esteban, De Anguita Pablo Martínez, Elorrieta, José, "I Estimating a socially optimal water price for irrigation versus an environmentally optimal water price through the use of Geographical Information Systems and Social Accounting Matrices", *Environmental and Resource Economics*, Vol. 39, No. 3, 2008.

Chapagain A. K., Hoekstra A. Y., "Virtual Water Trade: A Quantification of Virtual Water Flows Between Nations in Relation to International Crop Trade", *J. Org. Chem.*, Vol. 11, No. 7, 2003.

Charlotte de Fraiture, Dennis Wichelns, "Satisfying future water demands for agriculture", *Agricultural Water Management*, Vol. 97, No. 4, 2010.

Dagnino Macarena, Ward Frank A., "Economics of Agricultural Water Conservation: Empirical Analysis and Policy Implications", *International Journal of Water Resources Development*, Vol. 28, No. 12, 2012.

Dinar Ariel, Mody Jyothsna, "Irrigation water management policies: Allocation and pricing principles and implementation experience", *Natural Resources Forum*, Vol. 28, No. 2, 2004.

Douglas R. Franklin and Rangsan Narayanan, "Trends in Western United States Agriculture: Irrigation Organizations", *Water Resources Bulletin*, Vol. 24, No. 6, 1988.

Hanke, Steve H., "Demand for water under dynamic conditions", *Water Resources Research*, No. 6, 1970.

Henri Tardiue and Bernard Prefol, "Full cost or 'sustainability cost' pricing in irrigated agriculture change for water can be effective, but is it sufficient", Irrig. and Drain, No. 51, 2002.

J. Berbela, J. A. Gomez-Limonb, "The impact of water – pricing policy in spain: an analysis of three irrigated areas", *Agricultural Water Management*, *Vol.* 43, No. 2, 2000.

Konstantinos, Vasileiou, Panagiontis, et al., "Optimizing the performance of irrigated agriculture in eastern England under different water pricing and regulation strategies", *Natural Resource Modeling*, Vol. 27, No. 1, 2014.

Medellín-Azuara J., Howitt R. E., Harou J. J., "Predicting farmer responses to water pricing, rationing and subsidies assuming profit maximizing investment in irrigation technology", *Agricultural Water Management*, Vol. 108, No. 5, 2012.

Mekonnen M., Hoekstra A. Y., "A Global Assessment of the Water Footprint of Farm Animal Products", *Ecosystems*, Vol. 15, No. 3, 2012.

Molle Francois, "Water scarcity, prices and quotas: A review of evidence on irrigation volumetric pricing", *Irrigation and Drainage Systems*, Vol. 23, No. 1, 2009.

Moncur, James E. T., "Urban Water Pricing and Drought Management", *Water Resource*, No. 3, 1987.

Montesillo-Cedillo Jose Luis, Palacio-Munoz Victor Herminio, "Irrigation water price in Mexico in a context of social efficiency", *Ingenieria Hidraulica en Mexico*, No. 12, 2006.

Ohab-Yazdi, Ahmadi A., "Design and Evaluation of Irrigation Water Pricing Policies for Enhanced Water Use Efficiency", *Journal of Water Resources Planning and Management*, Vol. 142, No. 3, 2016.

Origanization for Economic Co-operation and debelopment, "Agricultural policy reform in Israel", Paris: OECD, 2010.

RC Johansson, Y. Tsur, T. L. Roe, et al., "Pricing Irrigation Water: A Review of Theory and Prac-tice", *Water Policy*, Vol. 4, No. 2, 2002.

Ruijs A., "Welfare and Distribution Effects of Water Pricing Policies", *Environmental and Resource Economics*, Vol. 66, No. 2, 2009.

S. A. Ohab-Yazdi，A. Ahmadi，"Design and Evaluation of Irrigation Water Pricing Policies for Enhanced Water Use Efficiency"，*Journal of Water Resources Planning &Management*，Vol. 142，No. 3，2015.

Scheierling Susanne M.，"Irrigation water demand：A meta – analysis of price elasticities"，*Water Resources Research*，Vol. 42，No. 1，2006.

Schneider Michael L.，"User-Specific Water Demand Elasticities"，*Journal of Water Resources Planning and Management*，Vol. 117，No. 1，1991.

Shirazb，Finkelshtain I.，Simhon A.，"Block-rateversus uniform water pricing in agriculture：an empirical analysis"，*American Journal of Agricultural Economics*，Vol. 88，No. 4，2014.

Tsur Y.，"Economic aspects of irrigation water pricing"，*Canadian Water Resources Journal*，Vol. 30，No. 1，2005.

Varszegi C.，"Relationship between water saving and water price"，*Water Supply*，Vol. 12，No. 1，1994.

Villinski T.，"Valuing Multiple-Exercise Option Contracts：Methodology And Application To Water Markets"，Michele T Villinski，Vol. 66，No. 2，2004.

Youn Kim H.，"Marginal cost and second-best pricing for water services"，*Review of Industrial Organization*，Vol. 3，No. 10，1995.

Ziolkowska Jadwiga R.，"Shadow price of water for irrigation-A case of the High Plains"，*Agricultural Water Management*，No. 3，2015.